教科書に残らないけど
心に残る歴史

泣ける日本史

真山知幸 著

文響社

はじめに――嘆きたくなるような理不尽だらけの世の中は、今も昔も変わらない

なぜ、自分がこんなにひどい目に遭《あ》わなければならないのか……？

思わずそう嘆きたくなるような夜が、誰の人生にもあるだろう。日本史に名を刻む歴史人物たちも、またそうだった。

本書で紹介した19人の歴史人物たちはみな、ある日突然、何気ない日常が一変し、過酷な運命を背負わされて、悲惨な末路を辿《たど》っている。権力者によって絶望のどん底に突き落とされた者もいれば、嫉妬により、あらぬ噂を立てられて引きずり下ろされた者や、最愛の家族と無残に引き離された者もいる。

私たちとは、生きている時代が違う分、理不尽さのスケールもまた大きい。もし自分だったら、到底立ち直れないと思ってしまうような悲惨な人生もある。よく知られている歴史的な出来事の裏で、人知れず苦しんだ人物も少なくない。

そんな悲劇的な生涯を送った歴史人物を通して、日本史をまた違う角度からとらえ直そうと試みたのが、本書である。

不器用なほど愚直に生きた人物たちこそ、生きた証を残している

私はこれまで、古今東西の偉人をテーマに、多くの本を書いてきた。偉人の生涯を追体験すればするほど、うまくいかないことの方が多いのが人生だと、改めて気づかされる。「うまくいかないからこそ、人生は面白い」などということは、あとで振り返って思えることであり、トンネルの真っただ中にいるときに「この暗闇はいつか必ず明ける」とは、なかなか思えるものではないだろう。

本書に出てくる人物は「偉人」とされる人物ばかりではないが、不器用なほど愚直に生きた点では、偉人と共通点がある。また、業績を残した人物ばかりでなく、悲惨なまま人生の最期《さいご》を迎えてしまう、居たたまれない人物もいる。

だが、それでも何かしら生きた証を残している。後世の私がこうして取り上げていることからも、それは確かだろう。死後に思いがけず遺志が引き継がれ、歴史の転換点に影響

を及ぼした人や、生前には悪者のレッテルが貼られながら、のちの研究で正当な評価を受けるようになった人など、さまざまな人物が登場する。

シチュエーションによっては、今の自分が置かれているつらい状況と、クロスオーバーすることもあるかもしれない。不器用でも諦めることなく生き抜こうとする、19人の生き様から、あなたは何を読み取り、どう感じるだろうか。

絶望のなかで格闘し続けた先人たちの生き様は、今を生きる私たちへのエール

降りかかる人生の理不尽や不条理に対して、立ち向かうべきか、やり過ごすべきか、その正解はないけれど、一つだけ言えるのは、それでもやはり私たちは生きていかねばならないということだ。

言葉をいくつか紹介したい。

「傷ついたのは、生きたからである」（高見順）
「失敗したら失敗したで、不幸なら不幸で、またそこに生きる道がある」（福田恆存《つねあり》）
「人生のどんな隅《すみ》にも、どんなつまらなさそうな境遇にも、やっぱり望みはあるのだ」（菊池寛）

「生きているかぎり、人間はすべてを奪われることはない」（正岡子規）

悲しいけれども、なぜか生きる力が湧いてくる――。

およそ耐えられそうにないような理不尽に直面したとき、それでも何とか、もがきながら生きた人物たちの行動や言葉には、人を奮い立たせる不思議な力がある。

誰もがぶつかる人生の困難にくじけそうになったときは、本書を読んで、あなたと同じように悩み、苦しみ、人生に格闘した先人たちからのエールを受け取ってほしい。

真山知幸

第2章 理不尽に踏みつけられたけど 泣き寝入りせず立ち上がった生き方

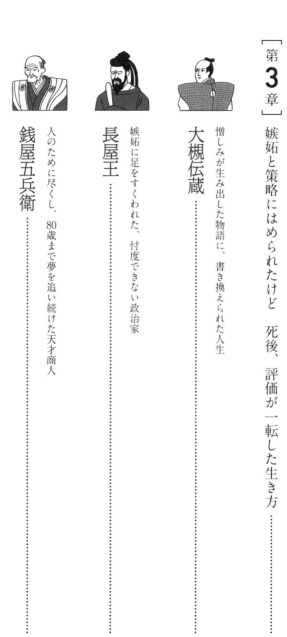

第5章 大事なものを失ったけど　役割をまっとうした生き方

[第1章]

正直すぎて
上手く立ち回れないけど
後世に影響を残した生き方

相手にあわせて自分の意見を変えられない…
忖度《そんたく》できない…

昔の世にも、志を曲げられない人たちがいました。

上手な生き方ではないけれど、
その思いの強さゆえに

志は残された人々の心に引き継がれ、
ときには歴史を動かしてしまうほどの力も
持ちました。

自分の行動には、一片の後ろ暗さもない

命をかけても、自分を偽ることができなかった男

幕末　長州藩士、教育者

吉田松陰《よしだしょういん》

(1830〜1859年)

吉田家の養子として育つ。諸国を遊学し、思想家・佐久間《さくま》象山《しょうざん》のもとで砲術と蘭学を学んだ。外国の実情を実際に見聞して藩主に進言しようと、嘉永7(1854)年、下田港のアメリカ軍艦ポーハタン号に乗り込もうとしたが、拒絶され投獄される。その後釈放されるが、実家に幽閉された。その間「松下村塾」を開き、高杉晋作《たかすぎしんさく》、久坂玄瑞《くさかげんずい》、伊藤博文《いとうひろぶみ》、山県有朋《やまがたありとも》ら約80人の門人を集める。幕末から明治にかけて活躍した人材の育成の場となった。

これまでのあらすじ

18世紀後半のイギリスで産業革命が起こると、蒸気を動力とする機械の活用によって、工業生産力が増大。強力な軍事力を誇る欧米列強は、生産品の販売市場を拡大し、原料を確保するべく、アジアへの進出を開始する。

太平洋を横断して中国と貿易することを目論んだアメリカは、寄港地として日本を重視。燃料、食糧の補給を受けるべく、日本の開国を強く望むようになった。

弘化元(1844)年には、すでにオランダ国王から開国を勧告されていたが、日本はあくまでも拒否していた。それから約10年後、ついにアメリカから黒船が来航する。時代が大きく動き始めた。

「アメリカに連れて行ってもらえないでしょうか」

嘉永6（1853）年、マシュー・ペリー提督《ていとく》率いる黒船が浦賀湾に来航すると、江戸の街は大騒ぎとなった。翌年にペリーは再航し、和親条約を締結させる。

あろうことか、その黒船に乗り込もうと、夜半《よわ》に小舟をつけた男がいた。

「この船でアメリカに連れて行ってもらえないでしょうか」

男は、そんな常軌《じょうき》を逸したお願いを漢文の手紙にしたためて、アメリカ側に手渡した。その意図をくみ取ると、ペリーはこう伝えたという。

「日本人をアメリカへ同行させたいのはやまやまだが、乗せるわけにはいかない」

いきなり、着物に刀を差した日本人がやってきたのだから、ペリーもさぞ面食らったことだろう。そんな暴挙にもかかわらず、好印象だったらしい。のちに「動作は礼儀正しく、非常に洗練されていた」とペリーは闖入者《ちんにゅうしゃ》のことを振り返っている。

断られても男は諦めきれず、説得を試みるが失敗。あえなく追い返されてしまった。

だが、その胸中は冷めることのない情熱で満ち溢れていた。

「今、時代が変わろうとしている。若者たちが立ち上がるときが来た」

男の名は、吉田松陰。このとき、25歳であった。

この騒動を起こしたのち、松陰は自ら下田奉行所に自首し、伝馬町《てんまちょう》牢屋敷[*1]に投獄されている。獄中では、11人の囚人のために『論語』『孟子』を講じていたという。

出獄が許された二年後、松陰は叔父から引き継ぐかたちで、松下村塾を開塾している。

そして今まさに一人の青年が、その塾の門を叩こうとしていた。

利助と吉田松陰、運命の出会い

「ここが、吉田松陰先生の塾か……」

利助《りすけ》は、木造瓦《かわら》葺《ぶ》きの平屋の建物を見上げた。もちろん、利助とて松陰の名前くらいは耳にしたことがある。

利助は、まさにペリー来航のときに警備を担当していた。生まれは周防国《すおうのくに》(山口県

＊1 日本橋小伝馬町３丁目～５丁目のあたりに位置した大規模な牢屋敷。吉田松陰や平賀源内など有名な人物も多く投獄されたことで知られる。跡地は現在、東京都指定旧跡となっている。

の一部）だったが、相模湾へと駆り出されていたのだ。

一年の勤務を経て、利助は故郷の萩に帰ってきていた。警備のときに利助の上司だった来原良蔵《くるはらりょうぞう》[2]が、松陰に推薦状を出してくれたのは、そんなときである。

「黒船に乗り込もうとしたなんて一体、どんな人なのだろうか」

農家生まれの素朴な青年に過ぎない利助には、異次元での出来事のように思えた。父が養子に入ったため、農民から足軽にはなったものの、利助は依然として下級武士である。松陰との運命の出会いを果たすまで、その人生はまだ平坦であった。

「利助だね、私は松陰です」

どれだけの豪傑《ごうけつ》かと思えば、細腕で風貌もどこか頼りない松陰が玄関口に現れた。利助は拍子抜けしているのを悟られないようにしながら、慌てて頭を下げた。

「利助と申します。どうか学問を教えていただきたく参りました」

すると、松陰は「いやいや」と頭をぽりぽりとかいてこう言った。

「私は教えられないんだ」

何か推薦状にまずいところがあったのだろか。利助が心配そうな顔をしていると、

*2 幕末の長州藩士。老中に属して勘定所の事務全般の監査に当たる「吟味役」を務めた。

松陰は続けた。

「教えることはできないが、ともに勉学していこう。こっちだ」

何だかわけがわからないまま、松陰についていくと、二階にある8畳の部屋では、塾生たちが本読みをしていた。

「お勉強させられい」

松陰はそういうと、塾生たちの座る長机にともに座って、一緒に議論をし始めた。そこには、かつて別の塾で一緒だった秀才の吉田稔麿《よしだとしまろ》[3]の姿もあり、松陰を相手に堂々と自分の意見をぶつけている。

その雰囲気に気圧《けお》されて利助が外で立っていると、稔麿が駆け寄ってきた。

＊3 幕末の長州藩の志士。吉田松陰に師事し、高杉晋作・久坂玄瑞・入江九一《いりえくいち》と共に松門四天王と称された。

「利助！　来たのか。中に入れよ」

「今、来たところだ。いや、俺は外で聴いているよ。ここからでも十分すぎるほどだ」

「何を言ってる。身分のことなら気にすることはない。松陰先生は、分け隔《へだ》てなく誰でも入塾を許可している」

友人の計らいはありがたかったが、紹介者の顔を潰すわけにはいかない。利助が外で立ったまま聴いていると、そのことには触れずに、松陰がそばに立って、ふいに質問をしてきた。

「利助は、何のために学問をするんだい？」

利助がとっさに「……書物が読めるようになりたいです」と答えると、松蔭は利助にこう諭《さと》した。

「学者になってはいかんよ。人は実行が第一だ」

松陰は、隣同士に並んで書物を読む、久坂玄瑞と高杉晋作のほうを顎《あご》で指すと「先輩方が、きっとお手本を見せてくれるだろう」と笑った。

帰宅してから、利助は刺激的な一日を友人に宛てた手紙でこう綴《つづ》っている。

「文学が盛んで読書をしない人は一人もいません。昼と夜を問わず、塾生はみな書物を読み、学問に打ち込んでいます」

「ともに勉学していこう」とは、こういうことだったのか――。利助は仲間や先輩たちと学問に励む日々を送った。

そんなある日のことである。利助は、松陰から思わぬ話を持ち掛けられた。

「私が京へ……ですか?」

「うん、京はまさに国の政治の中心だ。体験しておいたほうがいい」

利助は京に遊学する4人のうちの一人に抜擢《ばってき》される。その後は、松陰塾を勧めてくれた来原とともに長崎へわたり、勉学に励んだ利助。さらに、来原の義兄である桂小五郎《かつらこごろう》の従者として、長州藩の江戸屋敷へと移り住んだ。やはり外国を打ち払い、この国を守らなければならない。江戸幕府の危機を見聞きするほど、松下村塾で学んだことと結びついていく。

「先生が派遣メンバーに選んでくれてから、人生が動き出したようだ」

利助は京にのぼるまえに、先輩の久坂玄瑞に、ある手紙を見せてもらった。それは、松陰が玄瑞に宛てたもので、利助について触れてあった。

「これは、私のことですか……？」

そう聞くと、玄瑞が「利助はおぬしのほかにおらんだろう」と笑ったのを思い出す。

こんなことが書かれていた。

「利助の学問はまた進歩した。なかなかの交渉役になりそうだ」[4]

利助は師の言葉を何度もかみしめていた。自分にも何か天から与えられた役割があるのかもしれない。そんなふうに思い始めると、いてもたってもいられないような気持ちになり、松陰に少し近づけたような気がした。

ふいに悲報が知らされたのは、そんなときである。

「老中の暗殺を目論《もくろ》んだ疑いにより、吉田松陰を死罪にいたす」

真の訴えならば、役人の心にも届くと信じた

安政６（１８５９）年10月27日、利助は小塚原の回向院《えこういん》[5]へと急いだ。

＊4 原文では「利介亦《また》進む、中々周旋家《しゅうせんや》になりさふな」と残っている。

＊5 現在の東京都荒川区にある浄土宗の寺院。江戸時代、この辺りには処刑場があり、回向院には安政の大獄で獄死した吉田松陰や橋本左内らの墓所がある。かつて杉田玄白《すぎたげんぱく》や前野良沢《まえのりょうたく》らが集まり、刑死者の解剖に立ち会って初めて人体の内臓を観察した場所でもある。

「どうして……どうして……」

松陰は時の大老、井伊直弼《いいなおすけ》が朝廷から許可を得ずに、日米修好通商条約[6]を独断で締結したことに激怒。幕府こそが国の害悪だと、方々で激しく批判を繰り返していた。

そんな折、同じく幕府を激しく批判した儒学者の梅田雲浜《うめだうんぴん》が、井伊による弾圧「安政の大獄[7]」で捕まると、松陰も連行されて聴取を受けることになった。

あろうことか、そこで松陰は自ら老中暗殺計画を告白する。あえて自分の首を絞めるようなことを言ったのは、死をも覚悟して、自分の行動には一片の後ろ暗さもないと訴えたかったからだ。真の訴えならば、幕府の役人の心にも響くのではないか。そんな最後の希望に、松陰は我が身を賭けた。

しかし、松陰の本意は理解されることなく、死罪が言い渡されることとなった。

「あれだけ国のことを思っている先生を、なぜ殺すんだ！」

利助はただひたすら走り続けて、回向院へと到着した。

「松陰先生！」

利助が息を切らしてかけつける。小五郎と2人の松陰の門下生が続く。幕府の役人

＊6 1858年に江戸幕府がアメリカと締結した14カ条の条約。神奈川・長崎・箱館・新潟・兵庫の開港や、領事裁判権・片務《へんむ》的関税協定などを認める不平等条約だった。
＊7 井伊直弼が、井伊に対立する大名や尊王攘夷派の志士らに対して行った過酷な弾圧。処刑された者は8名、連座して捕らえられた者は100名にも及ぶと言われており、その後の倒幕運動を激化させた。

たちが立ち話をしているのをみて、利助はつかみかからんばかりに迫った。

「どこだ、松陰先生は」

男たちは顔を見合わせて苦笑すると
「そこにいるじゃないか。はよう持って帰れ」と、足元を指さした。

そこには、一つの桶《おけ》がぽつりとあった。

「待て、利助。開けるな。おれが……」

制止する小五郎の手を振り払い、利助は桶のふたを開ける。

そこには、丸裸の人間が詰め込まれていた。首は胴から離れて、髪が乱れている。それが松陰だとわかるまでに、一呼吸の沈黙が流れ、利助は慟哭《どうこく》した。

「あ、おうあおお……」

もはや声にもならなかった。

門下生たちが泣き崩れるなか、利助は松陰にしがみついて、その首を持ち上げた。

「今……今……すぐに」

利助は、頭部だけとなった松陰の顔を洗って、髪を整えた。小五郎が襦袢《じゅばん》を何もいわずに利助に差し出す。

「……お借りします」

利助は首を胴体に載せると、小五郎の着ていた襦袢で遺体をくるみ、自分の帯を使って結んだ。利助は役人たちをにらみつけて言った。

「こんなことをして……国が良くなると……本気でそうお考えか」

そそくさと立ち去る役人たちの姿を見て、19歳の利助はこぶしを握り締めた。小五郎がその肩をそっと抱いた。

「先生を橋本左内《はしもとさない》のそばに連れていこう」

福井藩士の橋本左内もまた松陰と同じく処刑され、すでに墓に埋められている。利助と小五郎は松陰の遺体を左内の墓のそばに埋葬した。

後日、門下生の間では、松陰が最後に遺した『留魂録《りゅうこんろく》』が回覧され、写本となって広がっていった。そこにはやりきれない思いが綴られていた。

「私はことし三十歳になった。まだ一事の成功を見ることもなく死を迎えようとしている。これは穀物がまだ花をつけず、実らないのに似て、悔しいかぎりだ」

利助はあの日の光景をずっと忘れることができないでいる。そして、師から最後に託されたメッセージを、何度も思い返した。

「同志諸君の中に、私のささやかな真心を憐れみ、それを受け継いでやろうという人がいるなら、それはまかれた種子が絶えずに、穀物が年々実っていくのと同じで、収穫のあった年に恥じないことになろう」

必ず幕府を倒す――。利助と小五郎はその思いを揺るぎないものとして、倒幕運動を本格化させるのだった。

この利助こそが、我が国最初の内閣総理大臣となる、伊藤博文《いとうひろぶみ》、その人であった。

私はこれから、東洋一の人物になりたい

学問を追求するため顔を変えてまで逃亡し続けた男

江戸時代後期　蘭学者

高野長英《たかのちょうえい》

(1804〜1850年)

現在の岩手県奥州市に生まれ、母方の伯父で医者の高野玄斎《げんさい》の養子として育つ。17歳で医学修業のため江戸に出るとともに、長崎でもオランダ商館医・シーボルトのもとで西洋医学などを学んだ。日本で最初の生理学書『西説医原枢要』を著《しる》す。34歳のとき、『戊戌夢物《ぼじゅつゆめもの》語《がたり》』を著して幕府の対外政策を批判。これが原因で蘭学者に対する弾圧事件である「蛮社《ばんしゃ》の獄」が起こると、長英は無期禁固の判決を受ける。

これまでのあらすじ

徳川幕府は鎖国政策を敷いたことで知られているが、完全に外国との交流を断っていたわけではない。なかでも、オランダとは長崎の出島に商館を設け、盛んに交易を行っていた。安永3（1774）年には、杉田玄白と前野良沢が『解体新書』を発表。オランダから西洋医学を吸収する科学者が増え、蘭学が隆盛を見せた。

だが、その一方で、諸外国が次々と交易を目的に日本に訪れるなか、日本は「異国船打払令」を敷く。接近する外国船は無差別に打ち払う幕府の方針に、蘭学者たちは反発し、批判の声を上げる。

オランダ医学を学びたい――一心で飛び出してきた江戸の町

「かように突然に来られても迷惑だ」

日本の中心地の江戸でオランダ医学を学ぶ――。

その夢を実現させるべく、奥州の水沢から出てきたものの、思わぬ拒絶に、17歳の高野長英はたじろいだ。

相手は杉田伯元といい、『解体新書』を著した杉田玄白の養子にあたる。長英の養父、玄斎は江戸で杉田玄白に学んだ。だからこそ、長英は幼き頃から蘭学書に触れることになったし、養父の話を聞き、江戸にも憧れた。

ところが、いざ江戸にやってきて、長英はたちまち行き詰まることになる。住むところもなく、食事のあてもない。

「そこを何とか、先生のところで置いてもらえないでしょうか」

長英は嫌がる伯元に食い下がって、そう頭を下げた。

もはやあとはなかった。想像以上に江戸の町は冷たい。オランダ医学を学ぶには、どうしても伯元の塾に入門させてもらわなければならない。

「もしお許しくださらねば、ここを動きませんぞ！」

熱きオランダ医学への思いをぶつければ、若者の可能性に賭けてくれはしないか。そんな考えは、長英の独りよがりなものだった。必死さが、かえって伯元を遠ざけた。

「まるで押し売りじゃな。追い返しておけ」

伯元がそう玄関番に告げて、立ち去ろうとする。その背中に長英は叫ぶ。

「お願いします！　私の頼みをお聞き届けください！」


がばっと起き上がると、布団の横に、門人の内田弥太郎《やたろう》の姿があった。

「ずいぶんとうなされていたようですが……何か悪い夢でも」

夢か。風邪をひいて、自宅で休んでいたことを思い出した長英は、じっとその手を見つめた。不思議そうな顔をする弥太郎に、長英は微笑んでみせた。

「いや、江戸に上京したてのころの夢を見てな。オランダ医学を学ぼうにも、どこにも入門させてもらえず、無理を言って、杉田先生のところに転がり込んだ」

結局、長英のしつこさに、伯元も根負けして学ぶことは許してくれた。だが、「住み込みはならぬ」と断られる。そこで日本橋の神崎屋源造という薬屋に身を寄せることになったが、食事の世話にまでなるのは気が引けた。

「あのときは、杉田先生には神崎屋で食べているように言いつくろい、神崎屋には杉田家でご飯を食べていると偽ったものだ」

「そうすると、本当のところは、お食事をどうされていたのですか?」

首をかしげる弥太郎に、長英は自分の両の手のひらを見せた。

「茶屋で外食をして済ませていた。そのための銭は、この手であん摩をして稼いだものよ。一人50文、一日4人もあれば、200文になる」

「長英先生にもそんな時期があったのですね……」

そう、そんな時期があったと長英は懐かしく思い出す。

「人との出会いが、人生を変えるからな」

長英はそう言いながら、伯元の次に弟子入りした、蘭方医の吉田長淑《ちょうしゅく》のことを自然と思い返していた。おおらかな性格だった長淑は、蘭学の話になれば、どれだけ相手が若輩であっても、対等に議論することを好んだ。

高野長英――。そう名乗るようになったのは、この修業時代に、長淑から「長」を譲り受けたからである。自分もまた長淑のような師でありたいものだ。長英がそう考えていると、弥太郎が大切に抱えていた大きな包みを目の前で開いた。

「おや、この丸い器械はなんだ?」

「これは経緯器といいます。船の転覆を防ぐもので、私が考えました」

「経緯器か……」

「これから尚歯会《しょうしかい》の例会に持っていき、みなの意見をうかがってみようかと思います」

尚歯会とは、西洋の研究をする蘭学者たちの集まりで、長英が洋学者の渡辺崋山《わたなべかざん》と組織したものである。

「ぜひ、長英先生にも来ていただければと思いましたが、今日のご体調では……」

「いや、行こう。今日は欠席のつもりではあったが、幾分か調子も良くなってきた。私もこの器械へのみなの意見を聞いてみたい」

そう言って身支度をしながらも、まだ夢の余韻が残っていた。

蘭学を学びたくて仕方がなかったのに、その機会すら得られなかった、若き頃。あん摩で生計を立てながら、どうしようもなく心細い気持ちがした。

それに比べて今は、なんて恵まれているのだろう。議論する仲間がいて、志をともにする弟子もいる。それに勝るものなどない。

ところがこの日の例会に出席したことが、長英の運命を大きく変えることとなる。

匿名で書いた『夢物語』

「幕府がとんでもないことを決定しました。今から資料を回しますが、読んだ内容は、絶対に他言しないでいただきたい」

そう言いだしたのは、尚歯会の出席者の一人である芳賀市三郎《はがいちさぶろう》だ。

弥太郎の経緯器はみんなから絶賛され、弥太郎はもちろん、長英も誇らしくなった。

学問は人々の生活を変える。これほど面白いものはない。

ところが、芳賀がみなに回覧した書類は、そんな和気あいあいとした楽しい雰囲気を一変させるものだった。

「オランダ商館長からの知らせによると、難破して漂流していた日本人の漁師7人が、イギリスのモリソン号[1]に救助されたそうです。そして、彼らを送り届けにまもなく日本にやってくるとのこと」

外国船がやってくるとは……色めきだった洋学者たちだったが、それに対する幕府の方針を聞いて、ざわめきは呆《あき》れた声に変わった。

「幕府はそのモリソン号に対して、大砲を撃つことを決めたそうです」

鎖国を守るためには、いかなる理由があろうと、外国船は打ち払う。杓子定規《しゃくしじょうぎ》の対応に、部屋では批判の声が次々と上がった。

「何たること！」

「そのような無礼なふるまいをしたら、とんでもない危機を招くことになる」

幕府の対応がいかなる悲劇を招き得るか。みなが異議の声を上げては、嘆き合った。

だが、そんななか、長英だけは落ち着き払った様子で、議論が一段落したのを見計

＊1 日本人漂流民７名を乗せて、通商を求めて来航した船。実際にはアメリカ船だが当時はイギリス船とされていた。幕府は異国船打払令をもとに砲撃し、この出来事はのちにモリソン号事件とよばれた。

らって、静かに語り出した。

「まあ、みんな待ってくれ。私たちの常識は、みなの常識ではない。外国は怖い。そう思っている人は、幕府だけではなく、庶民たちにも多い。それは無理からぬことではないか」

一座が注目するなかで、長英はさらに続ける。

「幕府の役人たちは鎖国が唯一の正しい道だと信じている。だけれども、私たちがよく知っているように、むしろ西洋から学ぶべきことは多い。私は幕府を刺激することのないように配慮して、書き物をしたいと思う」

弥太郎はといえば、すっかり不安な面持ちになり、ひそかに思った。

「(長英先生の言うことは正しい。正しいが、そのことが幕府の怒りを買いはしないだろうか。今日、この場にお誘いしてしまったことは、大きな過ちだったかもしれない)」

そんな弥太郎の不安は的中することになる。

数日後、長英は匿名で『夢物語』[2]という小冊子を発表。あくまでも夢の中での出来事として「もしも外国船が来ることがあっても、大砲で追い払うなどということはせ

＊2 幕府の鎖国体制を批判した高野長英の著書で、『戊戌夢物語』ともいう。モリソン号事件のとき、夢の中で知識人らの議論を聞いたという体で、異国船打払令の無謀さを指摘している。

ず、むしろヨーロッパのことを聞きだすべきだ」というメッセージを込めた。これが写本となって評判を呼び、やがて幕府も『夢物語』の存在を知るところとなった。

先に幕府に捕まったのは、尚歯会の例会にいた渡辺崋山である。崋山は『慎機論』という原稿を書き始めて、幕府の対外政策を批判していた。

崋山と親しい長英の身も危ぶまれたが、周囲に逃げるように勧められても、長英は聞き入れずに、あろうことか、自ら奉行所に出頭することを決意する。

「幕府は外国のことを知らぬがゆえに誤解している。幕府に、自分の所信を述べる良い機会である。外国の状況を知れば、同じ気持ちになるはずだ」

だが、その見通しはあまりにも甘かった。長英は獄中に入れられてしまう。

牢獄のなかで見つけた光

裁判の結果、無期禁固となった長英。牢屋から無実を訴えて、何度か赦免《しゃめん》を願うが聞き入れてもらえなかった。

監獄は劣悪な環境である。光も差さず、風すらも通らないなか、数十人の罪人が詰め込まれた。異様な臭気に病に倒れる者が続出し、そのまま死亡する者も後を絶たない。

長英は己の考えの甘さに唇をかみながらも、次第に、気持ちを持ち直していく。どんな経験も無駄ではない。長英は微かな光を見つめだした。

「もはや、ここで生きられるならば、どこでも生き延びることができるだろう」

幸い、自分にはまだ命がある——。

長英は率先して囚人たちの面倒を見るようになり、リーダシップを発揮。たちまち人望を集めて、役人たちからも一目置かれるようになった。

過酷な環境ではあるが、学問に打ち込むには、そう悪い状況ではない。むしろ、長英はやりたいことがあふれ出してきた。

「政治に役立てるために、獄中で万国地理学書百巻の翻訳をしたい」

「懲役囚たちの治療にあたりたい」

幕府に、そんな申し出も行うようになった長英。いつの頃からか、長英は牢名主《ろうなぬし》というポジションに抜擢されて、囚人たちを監督するようになった。

5年に及ぶ獄中生活で人間力をさらに磨いた長英。ある日、牢屋から突然、火の手が上がった。

当時の規則として、牢屋が火事になった場合、囚人たちは3日だけ釈放され、その間に焼けた箇所を改修することになっていた。そして、3日後にきちんと牢屋に帰れば、囚人たちの罪は軽くなるが、もし、逃亡を図れば重罰を科せられてしまう。

大半の囚人が捕まったときのことを恐れて、3日後には牢屋に帰るなか、長英だけは4日経っても、5日経っても、帰ってくることはなかった。

学問を続けるため、顔に硝酸《しょうさん》をぶちまけた

「蘭学書の翻訳までは許されなかった……ならば、外の世界へ逃げるしかない」

長英は走って、走って、走って、走り続けた。

あるときは江戸に潜伏し、またあるときは、地方の同志を頼ってかくまってもらい、仙台、福島、米沢、山形と逃亡生活を続けた。

弟子の弥太郎に連絡をとりながら、偽名を使い、腰を落ち着けたのは、宇和島[3]である。だが、一年も過ごすと、幕府が自分の居場所をかぎつけたという情報を手に入れる。長英は残念に思いながらも、手ごたえを感じていた。

「宇和島の地では、蘭書を訳して、オランダの兵学の研究を行うことができた。実際に砲台を築く指導までしたのだから、まだまだ人生は捨てたもんじゃない」

学問さえあれば、生きていける。長英は瀬戸内海を越えて広島、そして、さらに薩《さっ》摩《ま》の国へ。だが、そこにも追手が現れる。

＊3 現在の愛媛県南西部、宇和島湾に面する地。

もう逃げる場所すらなくなってしまったようだ。大勢の人の群れに紛れなければ、すぐに足がついてしまう。ならば、いっそのこと江戸に戻ろうと、長英は考えた。

しかし、江戸では、地方よりもさらに、長英の顔が知られてしまっている。

「すでに名前は捨てた。これ以上、何を捨てても惜しくはない」

長英は意を決した表情になると、自らの顔に硝酸をぶちまけた。顔を焼いて人相を変え、自分の出発点である江戸へと向かったのである。

それから約一年の月日が経った頃、江戸の青山百人町では、沢三伯《さわさんぱく》という医師の腕が良いと評判を呼んでいた。

患者がつめかけて治療に追われながらも、沢は翻訳活動にも打ち込んだ。『蘭文星学』『蘭文兵書』『兵法全書』と次々に出版。その訳の見事さからも、オランダ医学を学ぶ者の間でも、沢の名は広まっていく。

ある日、そんな沢のもとに町奉行所の役人たちが踏み込んできた。

「逮捕する。沢三伯、いや、高野長英」

「何をわけのわからないことを……」

沢は冷静に対応しようとするも、何人もの男に殴られ続けた。その顔の原型をとどめないほど、次から次へと殴られて、意識を失ってしまう。

すでに半死の状態で籠《かご》に乗せられると、護送する最中に沢、こと高野長英は絶命した。46歳だった。最後は自ら喉を突いたともいわれている。

長英は、宇和島から出る前、近くの金《こん》毘羅《ぴら》神社にお参りをしたことが記録に残されている。そこでは、逃亡の身とは思えない、こんな夢を詩にしていたという。

「私はこれから東洋一の人物になりたい」

わしにはもう、見て見ぬふりはできない

踏みつけられても、人のために立ち上がり続けた男

江戸時代後期　陽明学者・与力《よりき》

大塩平八郎《おおしおへいはちろう》

（1793〜1837年）

大坂東町奉行所で与力（町奉行を補佐し、行政・司法・警察の任にあたる役職）を務め、その働きぶりは名与力と評された。一方で学問にも励み陽明学を修め、37歳で退職すると家塾・洗心洞《せんしんどう》を開き教育に専念した。天保《てんぽう》7（1836）年、飢饉で農民らが苦しむなか、東町奉行にしばしば対策を建言するも却下され続ける。翌年2月、自身の蔵書を売り払って資金を作り、農民らに挙兵の檄文《げきぶん》を広める。2月19日に蜂起し、「大塩平八郎の乱」を起こした。

これまでのあらすじ

　江戸時代後期、ロシア船やイギリス船が日本近海に姿を現し、列強の脅威に晒《さら》され始める。それと同時に厳しい国内情勢によって、幕府の足元も揺らいでいた。天保4（1833）年から天保7（1836）年にかけて起きた「天保の大飢饉」である。

　東北地方を中心とした冷害によって、奥州から関東までを中心に次々と凶作に見舞われた。餓死者が続出するなか、特に奥州での被害は甚大で、秋田藩では約40万人の人口のうち、約10万人が死亡したといわれている。

　まさに「内憂外患」を抱えた江戸幕府のもと、庶民の苦しみは増すばかりだった。

庶民の生活に関心がなかった幕末の役人たち

江戸時代後期、天保4（1833）年から天保7（1836）年にかけて、未曽有《みぞう》の大飢饉が起きた。「天保の大飢饉」である。

大飢饉の影響が日本全土に波及するなか、大坂の町で、背を丸くして歩く一人の青年の姿があった。

「また、聞き入れてもらえなかった……」

そうつぶやくのは、大坂西町奉行所から追い返された、格之助《かくのすけ》である。とぼとぼと帰路につきながらも浮かんでくるのは、義父、大塩平八郎の怒りに満ちた表情だ。

さきほどまで、格之助は平八郎が考えた飢饉対策を、大坂東町奉行所の跡部山城守《あとべやましろのかみ》良弼《よしすけ》[1]に訴えていた。しかし、今回も全く聞く耳を持ってもらえなかった。

「前任の矢部様であれば……」

跡部の前任者は矢部駿河守定謙《やべするがのかみさだのり》といい、平八郎のことをよく理解し、意見にも耳を

---

*1 江戸後期の旗本で、「天保の改革」の主導者である水野忠邦《みずのただくに》の実弟。

傾けてくれた。矢部は飢饉対策のために、豪商から義援金を集めさせたが、それも平八郎のアイデアである。

当時、大坂町奉行は東西に二カ所あり、それぞれ一人ずつの奉行が江戸から派遣された。そして奉行の下に、現場で仕事をする「与力・同心《どうしん》」といった役人たちが配置される。同心は与力より下級の立場であり、与力は地元に根差した役人として、現場を取り仕切る存在だった。

平八郎は37歳まで東町奉行で「与力」を務めていた。矢部は元与力である平八郎の経験をうまく自分の政策に取り入れてくれたものだった。

「大塩平八郎という元与力の意見をよく聞いてみてくれ」

実は、引継ぎの際に、前任者の矢部はそんな申し送りを行っていた。だが、跡部はそれを完全に黙殺し、平八郎の意見をことごとく無視した。

そんな経緯は誰も知る由もないが、自分が跡部に軽んじられていることくらいは、平八郎もわかっている。だからこそ、こうして養子である格之助を通じて、飢饉対策を訴えているのだが、毎回、ろくな返事がない。

跡部の対応を思い返しては、腹が立ってくるばかりだ。一つ深呼吸をして心を落ち着かせてから、格之助は私塾の洗心洞へと戻ってきた。

平八郎は奉行所を辞してから、この洗心洞での教育に専念している。午前二時に起床して、執筆や武芸の稽古などを行ったのち、朝の5時から門弟たちに講義をする。これが平八郎の日課である。夕方には就寝するため、昼下がりの今は、平八郎にとっては一日の終わりに等しい時間帯だった。

どう話すべきだろうか。何しろ、今回は理由さえ伝えられず、却下されている。ありのままを伝えてもいいが、怒りのあまりに何かをしでかしそうな迫力が、最近の平八郎にはあった。

私財を投じて人を助けた平八郎

悩みながら格之助が帰った途端に、平八郎は微笑んだ。

「わかっておる、そんな顔をするな」

話すまでもなく表情で伝わってしまったらしい。

子どもができなかった平八郎のもとに、格之助が養子に入ったのは、15歳のときのこと。ちょうど10年前である。平八郎と格之助の仲の良さは近所でも評判で、誰もが「実の親子のようだ」と声をそろえたほどである。

「(なんでもお見通しってわけか……)」

跡部のひどい対応を口にせずに済んでほっとした格之助だったが、格之助もまた平八郎のことはよくわかっている。

だからこそ思う。この穏やかさは妙だ、と。

仕事に戻ったのか、何やら熱心に書き続けている平八郎の姿に、格之助は不穏な気持ちになりながらも、それを口に出せずにいた。そもそも、部屋の様子がおかしいと、格之助は気づく。周囲を見回して、違和感の正体を見つけると、思わず叫んだ。

「父上、本はいったいどうなされたのですか！　ここに大量にあったはずの蔵書がごっそりと……」

平八郎は表情を変えずに、書き物を続けながら言った。

「すべて本屋に売り払った。今、門下生に札を配らせている。あの札を本屋にもっていけば、金になる。みんなそれぞれ、米二升ほどなら買えるはずだ」

飢饉で米の価格が高騰して、庶民には米がなかなか手に入らなかった。

「（みなを救済するために、父上はご自分の宝を……）」

格之助は涙を堪えながら、ふと平八郎が書いているものに目をとめた。

それは檄文だった。

「天下万民に困窮を強いるようなことがあれば、天が与えた幸運は永久に途絶えるであろう。小人どもに国を治めさせておけば、災害が次々と生じてしまう」

これ以上、民を困窮させるわけにはいかない。平八郎の思いは、いつも民衆とともにあった。檄文は、さらにこう続いている。

「ここ245年の太平の間に、上の者たちは贅沢三昧《ぜいたくざんまい》でおごり、役人は公然と賄賂《わいろ》を受けとっている。私腹を肥やし、民や百姓に過分の用金を申しつけている。我々はもう堪忍できない――」

父上は幕府と戦うつもりだ……格之助は慌てて言った。

「くれぐれも早まった真似はおやめください。母上も心配されます。私がもう一度、奉行所に参って、必ず説得してきます」

平八郎は書き物を続けながら、静かに口を開いた。

「格之助、この大飢饉のなか、大坂の米は江戸にまわされているそうだ」

「え……それは一体なにゆえに」

「新将軍となる家慶《いえよし》様[2]の、将軍宣下《せんげ》[3]の儀式の費用を捻出するためとのことだ」

「そんなバカな！」

しかし、それで合点がいった。今日は全く話を聞いてくれないはずだ。跡部は

＊2 徳川家慶。江戸幕府第12代将軍。天保の改革を行ったが、改革は急激で厳格すぎたため、支持を失った。

＊3 徳川宗家の当主が征夷大将軍に任命される儀式。江戸幕府の礼典の中でも、最も重要なものだった。

新しい将軍への機嫌取りのことで頭がいっぱいで、はなから庶民の暮らしなど見てはいないのだ。

「格之助、わしはもう限界だ。見て見ぬふりなどできない」

もはや格之助は止めることができなかった。母上のことだけが気がかりだったが、平八郎はすでに覚悟を決めていた。

「家内にはすでに離縁状を渡してある。迷惑はかけたくない」

平八郎は二千字を超える檄文を書き上げると、それを刷って、摂津《せっつ》、河内《かわち》、和泉《いずみ》、播磨《はりま》[4]などの村役人に送った。ともに立ち上がってもらうためだ。

決戦の準備と、幕府への告発状

年が明けて、天保8（1837）年の正月。門下生たちが洗心洞に集まっていた。

「諸君、これから私につき従ってほしい」

平八郎がそう呼びかけると、一枚の書状が回された。連判状である。

＊4 すべて合わせると、およそ現在の兵庫県と大阪府の全域となる。

神妙な顔つきの門下生たちに平八郎はただ「血判《けっぱん》を押してほしい」というだけで詳細の説明はしない。そのことが、格之助には不安だった。

「格之助には、話しておきたいことがある」

そう切り出すと、平八郎は、格之助に紙束を手渡した。門下生たちの姿はもうすでにない。それは3通の報告書であり、老中首座の大久保忠真《おおくぼただざね》、水戸家当主の水戸斉昭《みとなりあき》、大学頭の林述斎《はやしじゅっさい》にあてられたものだ。

「……告発状ですか」

中身を読むと、幕府の官僚がいかに腐敗にまみれているかが暴露されている。平八郎が与力だったころに、独自に調査し、つかんでいた情報である。

「これから、わしは自分の命をかけて、跡部に立ち向かう。だが……」

平八郎はふいに立ち上がり、天井を見上げながら言った。

「すべては幕府を良くしたいがためのこと。この報告書を読んでもらえば、わしが決して逆心を抱いているわけではないと、わかってもらえるはずだ」

ああ、父上は幕府への思いが誰よりも強いがゆえに、今の状態が許せないのだ。それは、叶わぬ片恋のごとくで、格之助は胸が締め付けられる思いがした。もう止められない。だけれども、一緒にいることはできる。

「はい、きっとこれをご覧になれば、これから父上がなさることの真意に、江戸城の上役たちも気づかされることでしょう」

平八郎は満足そうにうなずくと、武装隆起のための準備を手ばやく進めていく。大筒の弾丸や棒火矢《ぼうびや》、焙烙玉《ほうろくだま》など火薬を用いた兵器を、門下生たちとともに製造する。

武器を買い付けるにあたっては「石材を運ぶため」と理由を話し、外から見えない部屋に武器を入れた。かつて蔵書で埋まった洗心洞は、武器の倉庫と化しつつあった。

「すべて準備は整った。あとは決行するのみだ」

平八郎の力強い言葉に、格之助も腹をくくる。これは正義の戦いだ。何もかもがうまくいく……。

そんなふうに言い聞かせたが、それは計画を立てているときだけに味わうことができる、ほんのひと時の甘美な時間でしかなかった。

狂いだした計画

「火が上がったぞー！」

大坂の町でそんな叫び声が上がったのは、天保8（1837）年2月19日の早朝のことだ。最初に火が放たれたのは、平八郎の屋敷である。

平八郎は、集まった約100名の門下生に自分の屋敷に火をつけさせた。もはやここには戻らない。そんな決意の表れでもあった。

たちまち火は平八郎の屋敷を包んでいく。格之助は後ろを振り返らない。ただ、平八郎とともに進軍していく。

次なる標的は、平八郎のかつての同僚で、大坂東町奉行所の与力、朝岡助之丞《あさおかすけのじょう》の屋敷である。

「みな、打てー！」

火矢が放たれ、大砲が撃ち込まれる。火の海のなか、平八郎と格之助は門下生たちを率いて、難波橋《なにわばし》5を渡る。いつの間にか軍勢は３００人にも膨れ上がっていた。

必死に平八郎と並走しながら、格之助は唇をかむ。

「くそっ、裏切り者さえ出なければ……」

実のところ、入念に建てられた計画はすでに破綻《はたん》していた。本来ならば、七つ時、つまり、午後の4時ともっと遅い時間に襲撃するはずだった。その時間になれば、一番の標的である跡部が朝岡助之丞の屋敷で休憩するとわかっていたからだ。そこに大砲を撃ちこんで、二人を爆死させたうえで出撃する、そんな予定だった。

ところが、決起直前になって裏切り者が現れて、東町奉行の跡部に密告されてしまったのだ。急遽、朝の8時に出撃時間を早めての決行となった。

「襲撃せよ！」

そんな計画の狂いなど感じさせないほど、平八郎は着々と実行に移していく。川を渡ると、立ち並ぶ商家を襲撃して、米俵や金銀を奪う。それを貧しき者たちで分けるということになっていた。

ところが、である。

＊5　大阪市を流れる淀川分流の堂島川と土佐堀川とにまたがってかかる橋。江戸時代には天神橋・天満橋とともに浪華三大橋とよばれた。

「おい、待て！　勝手なことをするな！」

格之助が制止するのもきかず、軍勢の多くは商家を襲撃して得たものを、めいめいで略奪。金銀を奪って、その場から逃げ去っていく。

「父上、これではまるで……」

ただの火事場泥棒である。

平八郎はどこか達観した表情でそれを見つめるのみだった。

やがて、大坂城から出陣してきた幕府の鉄砲隊が到着すると、軍勢は散り散りになっていく。軍勢の多くは、初めから幕府と戦う気などなかったのだ。

反乱軍はたった半日で鎮圧されてしま

った。火の手は強風にあおられて、大坂の5分の1に当たる二万戸の家屋を焼きつくす。「大塩焼け」と呼ばれる大火災だ。

平八郎はみなのために立ち上がったが、行動をともにした軍勢はみな、それぞれ自分の生活のことしか考えてはいなかったのである。

「……格之助、行くぞ」

格之助は平八郎とともに走った。火が燃え盛る町の中をただ、ひたすら走る。ついていく、どこまでも。このただただ不器用で真っ直ぐな父親に……。

幕府衰退の種となった、大塩平八郎の乱

「見つけたぞ！」

40日あまり潜伏活動を続けていた平八郎と格之助。ついに、大坂城代の土井《どい》利位《としつら》に居場所を突き止められてしまう。

「格之助、すまなかった。よき父ではなかったな」

「父上、あなたと過ごした時ほどの幸せはありませんでした」

ありがとう、と二人がともに口にした瞬間、爆発音とともに、突風が巻き起こる。

そのあとには、爆薬を抱えて自決した、二人の死体が残されるのみだった。


こうして「大塩平八郎の乱」はあっけなく終焉を迎える。平八郎が書いた3通の告発状に至っては、取り次いだ役人に握りつぶされてしまった。

それでも、平八郎の激情は無駄になったわけではない。越後国では、国学者の生田《いくた》万《よろず》が柏崎の代官所を襲撃。「大塩残党」を名乗って、生田万の乱を起こしている。

そのほか、摂津能勢《のせ》（現在の大阪府）の山田屋大助《やまだやだいすけ》による百姓一揆や、備後三原《びんごみはら》（現在の広島県）の一揆もまた平八郎に大きな影響を受けて、みなが立ち上がった結果である。

平八郎の魂は各地に受け継がれて、やがて江戸幕府は衰退の一途をたどることになった。

[第2章]

理不尽に踏みつけられたけど
泣き寝入りせず
立ち上がった生き方

権力者の都合で突然家族の命が奪われたり、
生活していけないほどの税をとられたり……

長い歴史の中では、自分の力では
どうしようもない理不尽に
追い詰められた人が大勢いました。

力づくで生きる権利を主張した人、
失った家族の分まで戦った人……

不合理に直面してなお戦い続けた人々の生き方は、
私たちに勇気を与えてくれます。

今、籠城している者たちは
来世まで友になる！

腐りきった権力を、打ち砕こうとした人々

江戸時代初期　島原の乱 大将

天《あま》草《くさ》四《し》郎《ろう》

（1623？～1638年）

抑圧されたキリシタンたちが起こした「島原の乱」で、一揆側の首領とされた少年。父の姓から本名は益田四郎、洗礼名はジェロニモといわれる。経歴を含めて正確なことはほとんどわかっていないが、4か月間、2万人を超える老若男女が結束を崩さず戦い続けたことから、非凡な統率力があったといわれている。9歳から学問をはじめ、時には長崎にも遊学するなど、当時の農村の少年としては高い教養を身につけていたと思われる。

これまでのあらすじ

慶長17（1612）年、第2代将軍の徳川秀忠《ひでただ》が幕府直轄領に対して、キリシタンの禁制を発令。その翌年には、禁教令を全国に広げた。

だが、禁教令がなかなか守られないことから、元和《げんな》8（1622）年、秀忠は「元和の大殉教」と呼ばれる大弾圧を実施。長崎の西坂で、カトリックの宣教師や信者55人が火あぶりと斬首に処されることになった。

第3代将軍の家光も政策を継承して元和9（1623）年、キリスト教の大弾圧を行う（江戸の大殉教）。隠れて信仰を続ける「隠れキリシタン」をも幕府は許さず「踏絵」などが行われた。

島原の庄屋・与左衛門の憤怒

「どうしても払えぬと申すか。そなたの妻がどうなってもよいのか」

寛永14（１６３７）年10月、島原有馬村（現・長崎県南島原市）で、与左衛門は自分の目を疑った。代官に連れられた古池に、妻が手足を縛られて、立たされていたのである。水は妻の腰まで浸っており、立ち続けなければ、溺れ死んでしまう。

「あんた！」

怯え切った妻の顔を見て、与左衛門は怒りを嚙《か》み殺しながらも、代官に懇願した。

「お願いだ、やめてくれ！　お腹に子どももいるんだ！」

「だったら、早く村の年貢を納める方法を考えんか。わしだって、こんなことしとうないわい。お主は庄屋じゃろうが。村の仲間と相談してこい」

与左衛門がいったん家に戻ると、心配してみなが集まってきてくれた。どうすれば年貢を納めることができるのか、知恵を出し合うためだ。

「どうしろというんだ、今年はこの凶作じゃ……とてもじゃないが、納められん」

与左衛門が苦痛に顔をゆがめるが、どこも事情は同じようなもの。すでにさまざまな形で年貢がしぼり取られている。

「人が生まれれば頭銭《あたません》、死んだならば穴銭《あなせん》……。一体、どれだけわしらから銭を取れば気が済むんじゃ」

「それだけじゃない。家を建てれば窓銭や棚銭まで取られる……むちゃくちゃだ」

「島原城じゃ。藩主の見栄で、あれを造るために、どれだけの金がかけられたことか」

方々から不満の声が上がるが、早急に考えなければならないのは、与左衛門の妻をどう救出するかだ。

「何とか……何とかならんだろうか、このままだと……あいつが……子が……」

与左衛門が嗚咽《おえつ》を漏らすも、どうすることもできないまま、時が過ぎていく。

与左衛門は毎日代官所へ足を運んで許しを乞うが、「税を納めろ」の一点ばり。そして3日目、与左衛門の目の前に、藁《わら》に包んだ物体が蹴飛ばされた。

「遅いわ、持っていけ」

藁をほどくと、水死した妻の死体があった。膨らんだお腹の中にいる胎児の命も尽きているのは明らかだった。

「おい、お前……返事しろ。こんな姿になっちまって……」

気づけば代官たちはすでにその場を立ち去っており、与左衛門は妻の亡骸《なきがら》を抱きしめて、ただ涙に暮れるのみだった。

与左衛門が村に帰り、みなが事の顛末《てんまつ》を知ると、怒りと悲しみの輪がとめどなく広がっていく。この惨劇は、誰にとっても他人事ではなかった。

「お腹の子まで……」

「すべては、藩主の勝家《かついえ》様が元凶じゃ。

代官は怯えてしたがっているに過ぎん」

「最近は年貢がとれんとなると、見せしめに妻と子を人質に取って、蓑《みの》を着せて火をつけて楽しんでいるそうじゃ」

「なんでわしらがこんな仕打ちを受けにゃいかんのだ！」

うなだれたまま、言葉もない与左衛門をみなで囲み、悲惨な境遇を嘆き合った。一人の村民がこんなことを言い出した。

「こんな目に遭うのは、わしらがキリスト教を捨てたせいじゃろうか……」

もともと島原はキリシタン大名、有馬晴信《ありまはるのぶ》の領地である。だが、松倉重政《まつくらしげまさ》が新たな藩主となると、将軍家光の命を受けて、キリシタンの弾圧が始まる。嫡男《ちゃくなん》の勝家が家を継ぐと、圧政はさらに過酷なものとなった。重政も勝家も、家光に過剰なほどの忠誠心を見せ、キリシタンや年貢を納められない百姓に、拷問を加え続けたのである。

「もう限界だ……」

黙っていた与左衛門がぽつりというと、その場が一瞬静まり返り、誰もが深くうなずいた。その日、部屋の明かりはいつまでも灯《とも》ったままだったという。

夜が明けると、有馬村の百姓たちは代官所を襲撃した。代官の林兵左衛門《はやしひょうざえもん》を滅多打ちにして殺害したのだ。

「役人を殺しちまったら、どのみち、死ぬしかない。ならば、みなで戦おう！」

同じく年貢に苦しむ天草でも一揆が起きて、両軍は合流。大きなうねりとなり、江戸時代始まって以来の大規模な反乱、「島原の乱」が巻き起こることとなった。

知恵伊豆・松平信綱の策略

「まったく、甘くみよってからに……」

江戸幕府老中の松平信綱《まつだいらのぶつな》[1]は、反乱軍が立て籠《こも》る、原城（現・長崎県南島原市）を眼前にして、大きなため息をついた。

「いつだって小さなほころびから大きな穴ができあがる。どんな反乱であっても、小さなうちに目を摘んでおかねばならんのだ」

信綱はもともと戦後処理の担当として、幕府から送られてきたが、来てみれば、反

＊1 江戸時代初期の幕府老中。伊豆守《いずのかみ》だったことから「知恵伊豆」とも呼ばれる。９歳から徳川家光に仕え、家光が第３代将軍となるとその政治に参画した。その後、第４代将軍・徳川家綱にも仕え、由《ゆ》井正雪《いしょうせつ》の乱や、明暦の大火などに適切に対処し、幕府の政治的基礎固めに貢献した。

乱は鎮圧されているどころか、相手は総勢3万7000人にまで膨れ上がっていた。反乱軍の指揮をとっているのは、16歳にしてキリシタンからはカリスマとして崇《あが》められている、天草四郎だという。

「精神的支柱がいる軍は手ごわい。それにしても、やられすぎだ……」

幕府軍は一揆軍に3度も敗退し、大将の板倉重昌《いたくらしげまさ》は戦死してしまった。そこで急遽《きゅうきょ》、信綱が大将の座を引き継いだのである。すべては、第3代将軍の徳川家光の意向だ。

「重昌は、わしが到着するまでに片をつけようと焦ったのだろう。家光様の怒りを思えば、気持ちはわからなくもない。だが、勢いのある相手に、力で攻めてもいかんだろうな。ここは兵糧《ひょうろう》攻めじゃ」

知略に優れていたことから「知恵伊豆」と呼ばれていた信綱。九州の大名を動員し、幕府軍の総力は12万人にも上っていたが、信綱は力では攻めなかった。

こうなれば、持久戦だ――。相手の食糧が尽きるのをひたすら待つ。作戦としてはシンプルだが、根気を要する作戦である。しかも、相手は百姓が中心となった一揆軍だ。本気になれば、すぐにひねりつぶせると考える兵も多い。

それゆえに、現場からは何度となく鎮圧に踏み切るべし、という声が上がってくる。だが、信綱は意に介さなかった。

事は慎重に慎重を重ねなければならない。なにしろ家光は思い通りにいかなければ、癇癪《かんしゃく》を起こして手がつけられない。家光が赤ん坊のころから仕えている信綱は、そのことを痛感している。もし、この乱を鎮圧できなければ、信綱とて安泰ではない。

「ここは我慢、我慢だ……」

そう言い聞かせながらも、信綱も焦《じ》れてきたのか、ほかの作戦も行っている。

戦力を分断させようと、「キリシタンでないものは降伏したら許す」と勧告したのだ。また、リーダーを揺さぶるために、四郎の母と姉をとらえて、手紙を書かせたりもした。しかし、いずれも効果は見られなかった。思った以上にキリシタンたちの結束は固い。信綱は信仰の恐ろしさを改めて知ることとなる。

ならばと、オランダ船に砲撃させたこともあった。キリシタンならば、西洋人の攻撃に絶望するのではないかと考えたのだ。ところが、成果はないばかりか、かえって味方側の大名から「外国船の力を借りるとは」と批判されることになる。

知恵伊豆をもってしても、この乱は鎮圧できないのか……。

幕府軍のなかで、そんな空気が流れ始めた頃、城から一揆兵が飛び出してきた。食糧と火薬を敵から奪おうと、幕府軍の兵に襲いかかってきたという。返り討ちにしたと報告を受け、信綱はこんな指示をした。

「胃袋の中を確認してくれ」

兵士の腹を裂いて解剖《かいぼう》してみたところ、胃の中にあったのは、大豆、ゴマ、わかめ……。それを聞いて「やはり」と信綱は確信した。

「もはや、相手方に米はないと見た」

決意を固めた信綱は、一揆軍側に潜入するスパイに矢文を送る。スパイは山田右衛《やまだえ》門作《もさく》という男で、向こうから矢文で接触してきたのだった。

何でも一揆軍に無理やり参加させられたらしい。しがらみの多い村社会では、容易に想像できることである。右衛門作は、城内の様子を知らせる代わりに、妻と子を助けてほしいのだという。

信綱は右衛門作への文に、総攻撃の合図をしたためておいた。総攻撃と同時に、右衛門作には、城に火を放ってもらう。混乱のなか、右衛門作は家族とともに脱出し、幕府軍に降りてくる……そんな作戦だった。

「よし、総攻撃じゃ」

知恵伊豆が、ようやく動いた――。

裏切り者・山田右衛門作の誤算

幕府軍のスパイを担う山田右衛門作は、城の守備隊長を務めながら、総攻撃の合図を今か今かと、待ちわびていた。

「(そろそろ、総攻撃に入るだろう。こちらはもはや限界に近い)」

食糧も尽き、弾薬も不足している。反乱軍に、かつての勢いは失われつつあった。

その中で一人、希望を失っていない若者がいた。天草四郎である。形勢不利のなか、四郎はこう叫んだ。

「今、籠城《ろうじょう》している者たちは、来世まで友になる！」

これで城内の士気が持ち直してしまうのが、この青年の恐ろしいところである。16歳の若きカリスマを慕う者たちはみな、四郎が不死身だと信じ切っていた。

「（意外と粘るな……このまま幕府軍の総攻撃をしのぐことも、もしや……）」

右衛門作は思わずそう不安になったが、そんなときのことだ。幕府が放った石火矢（鉄砲）の弾が、四郎の左袖を打ち抜いた。その弾でそばにいた5、6人が撃ち殺されてしまう。

瞬時、潮目が変わったのを右衛門作は察知した。

「四郎様も不死身ではないとは……おそ

ばにいても、安全ではない……」

一気に城内のムードが醒《さ》めていく。気力だけで持ち堪《こた》えていた者たちがバラバラになり、逃亡者も相次いだ。

右衛門作が城内の状況をつぶさに観察していると、四郎がふいに目の前に現れた。

「……総攻撃が始まるそうだ」

四郎が持っている文を見て、右衛門作は思わず声を上げそうになった。幕府側から自分にあてられた文が、四郎のもとにわたってしまったのである。

「ち、違います、こ、これは！」

あっという間に周囲の者たちに捕らえられると、右衛門作は牢に入れられた。

自分を見送る四郎の悲しげな目が、何かを語りかけているようだった。

牢に入ってまもなく、あちこちで爆発音が響く。幕府の総攻撃が始まったのだ。右衛門作は城内にいる妻子を思い、目を固く閉じてひたすら祈った。

「どうか……助かってくれ……」

裁かれるべき暴君・松倉勝家の最期

信綱のもとに、方々から持ちこまれた首の数々。討ち取った者はみな「これこそ四郎の首だ」といって譲《ゆず》らない。手柄がほしいのだから、当然である。

「四郎は生け捕りにしたかったがな……」

信綱が恐れたのは、四郎が戦で死に、信者の間で神格化することだった。総攻撃の前日にそのことに思い至って生け捕りを命じたものの、間に合わなかった。

せめて、どれが四郎の首かをはっきりさせたいと、四郎の母を呼び寄せて、討ち取った首たちを見せた。すると、四郎の母は全く臆せずに、平然とこう言った。

「四郎は我が子でありながら、天使です。首を取られることなど考えられません。姿を消して、ルソン島[2]に行ったに違いありません」

しかし、ある首を見ると、母は顔色を変えて泣き崩れて、言葉をしぼり出した。

「苦労したであろう……」

＊2 フィリピン諸島で最大の島。首都マニラがある。1571年からスペインの植民地となり、鎖国前の日本人の往来もあった。「呂宋島」とも書く。

信綱は、それ以上、尋問することはなかったという。

しばらくして牢の中から、右衛門作が発見される。何でも妻子の死を知って、呆然としているらしい。もっとも右衛門作の妻子は、幕府の総攻撃を受けるまでに、命を落としていた。一揆軍に処刑されたのである。

「右衛門作のことは、どのようになさいますか」

家臣からそう尋ねられる。処分は信綱に一任されていた。

生き残った命まで消すことはなかろう。信綱は右衛門作を処分しないことを決めた。皮肉にも、右衛門作がこの島原の乱で、唯一の一揆軍の生き残りとなった。

「これで終わりか」

信綱の目は、百姓たちの家々をとらえていた。吹けば飛ぶような藁ぶき屋根だ。

「いや……まだだな」

信綱は戦後処理の仕上げとして、農民を苦しめ、一揆の元凶となった松倉勝家を打ち首にしている。２６０年にもわたる江戸時代で、切腹を許されず、罪人のごとく打ち首にされた大名は、松倉勝家、ただ一人だけであった。

私たちは、捨て駒だったのか……？

知られざる元寇――身勝手な権力の被害者

鎌倉時代　壱岐島《いきのしま》の青年

宗《むね》三《さぶ》郎《ろう》

（？～？年）

壱岐島の守護・平景隆《たいらのかげたか》（？～1274）の家臣。壱岐島は九州と対馬《つしま》の間に位置する。詳しい経歴は不明だが、元軍が攻めてきた際、景隆より姫を託され、その戦況を伝えるために大宰府まで遣わされた。

これまでのあらすじ

正治元（1199）年、日本初の武家政権を樹立し鎌倉幕府を開いた源頼朝《みなもとのよりとも》が53歳で死去。息子の頼家《よりいえ》が18歳で第２代将軍となるも、母の政子の実家である北条氏が台頭していく。

第３代将軍の源実朝《さねとも》が暗殺されると、北条氏が執権職を独占して、鎌倉幕府の実権を掌握した。なかでも第３代執権の北条泰時《やすとき》や第５代執権の北条時頼《ときより》らが執権政治を発展させながら、政務の実権は北条本家の得宗《とくそう》家に集中する。

文永５（1268）年、元（モンゴル）のフビライから国書が届くと、北条本家の北条時宗《ときむね》が18歳で執権の座に就いて、元への対応を指揮することとなった。

平和な島に訪れた、凄惨な事件

福岡県と対馬の中間地点に位置し、玄界灘《げんかいなだ》に浮かぶ壱岐島《いきのしま》。対馬海峡に対馬暖流が流れるため温暖な気候で、夏は涼しく冬は暖かく過ごしやすい。

のどかな緑の山々を眺めながら、宗三郎が口笛を吹いて歩いていると、せっせと働く若い夫婦の姿が見える。壱岐島は、高低差が少なく平坦な地形なので、田畑として活用しやすいことで知られている。

「もう稲刈りの季節か。早いものだな」

文永11（１２７４）年10月、時は鎌倉時代。宗三郎は、主人である守護代の平景隆《たいらのかげたか》のもとへと向かっていた。秋風が優しく頬をなでる。何一つ変わらない、平和な島の一日が今日も始まる。

そんなふうに思っていたが、景隆のところに行くと、何やらみながざわざわしており、不穏な空気が流れている。宗三郎が急いで場に加わると、景隆が口を開く。

「対馬は全滅したそうだ」

場のどよめきが一段と増す。宗三郎がそばにいた兵に「何事だ」と聞くと、どこか呆然とした面持《おもも》ちでこう答える。

「蒙古《もうこ》……海の向こうから蒙古が来るらしい……」

宗三郎が口を開く間もなく、景隆は、騒然とする兵たちに「うろたえるでない！」と一喝した。兵の一人を呼び寄せて言う。

「筑前守護の少弐資能《しょうにすけよし》に援軍を頼んでくれ」

「しかし、今からでは……」

「いいから、急げ！」

宗三郎はほかの家来と同様に、景隆とともに海岸へと急いだ。蒙古を迎え撃つためである。こちらの兵の数は１００あまり。これで十分なものなのかどうかも、見当がつかない。宗三郎は半信半疑で海のほうを見つめた。

「ほんとに蒙古が来るのか、この島に……」

しかし、すでにこのとき、壱岐島での大惨劇までのカウントダウンが始まっていた。

襲来を招いた、鎌倉幕府のハイリスクな外交

ちょうどその頃、先に攻撃を受けた対馬からなんとか逃げ出した小舟が、大宰府[*1]へと急いでいた。惨状を伝えるためである。

だが、実は大宰府にとって、蒙古、つまり、モンゴル帝国の襲来は、ありえないことではなかった。時代はややさかのぼって、文永５（１２６８）年、朝鮮半島の高麗《こうらい》より使節団が大宰府に到着し、モンゴル帝国からの国書が届けられていたからだ。

国書は次のような内容だった。

「蒙古国皇帝、書を日本国王に奉じる」

丁寧な国書の文面とは裏腹に、内容は日本の態度を戒《いまし》めるものだった。すでに高麗もモンゴル帝国の支配下にあるなか、日本から遣いの一人も来ないとはどういうわけか。そう詰問しながら、国交を求めてきたのである。

「相通好せずんば、あに一家の理ならんや。兵を用いるにいたっては、それ、いずく

＊1　九州、壱岐、対馬などを管轄した役所。外敵を防ぎ、外交を司った。現在の福岡県太宰府市におかれた。

んぞ好むところぞ」

友好関係を結べなければ、兵を出さなければならない。誰がそれを好むだろうか――。国書の最後は「不宣《ふせん》」（十分に意を尽くしていない）という、友人の間で交わされるような友好的な言葉で締めくくられている。

だが、それは表面的なものであり、逆らうことは許さないという脅し以外の何物でもなかった。突然の出来事に、鎌倉幕府と朝廷は正月早々、騒然となる。

その日のことを、関白の近衛基平《このえもとひら》は日記にこう記している。

「国家の珍事、大事なり」

国書は幕府から朝廷へと回されて、激論が交わされることになる。だが、結論はノーと決まっていた。

当時、他国との通交といえば、平安時代に平清盛《たいらのきよもり》が中国の宋朝との貿易を本格化させている。日宋貿易と呼ばれるもので、鎌倉幕府にも引き継がれたが、あくまでも私的な貿易だ。寛平6（894）年に遣唐使を廃止して以来、日本はどの国とも正式な国交を結んではいなかった。

そのため、問題は拒絶の返答をするか、しないかということであった。

実に国書の到着から10日間にわたって朝廷で議論が行われ、幕府とも検討を重ねたが、18歳の青年が決断を下している。

鎌倉幕府の執権に就いたばかりの北条時宗[2]である。

「無礼なるによりて、返事に及ばぬ」

そう毅然《きぜん》とした態度で貫き通すことにしたのである。

なぜ、それほど強気な態度に出たのか。鎌倉幕府は明らかにモンゴル帝国の勢いを見くびっていた。なぜならば、平安時代から鎌倉時代にかけて、日本は日宋貿易を通じてのみ中国の状況を把握しており、北方の諸民族についての情報はかなり限定的だった。モンゴル帝国の実力を見誤ってしまい、国書をすべて黙殺するというリスクの高い外交につながってしまったと考えられる。

無視されたモンゴル帝国は、その後に「元」と国号を改め、7年間にわたり日本に使節を派遣。実際に日本に到着したのは3回だったが、使節を送り込んだのは計6回にも及んだ。それでも日本は黙殺し続けた。

＊2　鎌倉幕府第８代執権。18歳で執権となる。たびたびの蒙古の使者を追い返し、文永・弘安の役では蒙古軍を撃破した。その後も国防を強化し、中国出兵を計画したこともある。禅宗を信じ、鎌倉に円覚寺を建立した。

文永11（1274）年、しびれをきらした元は、日本を襲撃することを決意する。3000人もの軍勢が10月5日、対馬に到着した。

対馬の守護代の宗助国《そうすけくに》が80騎あまりの兵を率いて抵抗を見せるが、わずか二時間で、蒙古軍に討ち死にさせられてしまう。村民の多くは虐殺されるか、捕虜としてとらえられた。

そして10月14日、蒙古軍はいよいよ壱岐に到着することになるのだった。

蒙古軍、襲来

そんな経緯を知る由《よし》もない宗三郎は「もしかしたら、何かの間違いではないか」とも思っていたが、過酷な現実は目の前にまで迫ってきていた。

元の先発隊として二隻の船が到着すると、約400人の兵たちが上陸してきたのである。

「カーン」

そんな鐘の音とともに、蒙古軍の矢が雨のように降り注いだ。

日本の矢に比べて、飛距離は2倍。放たれた瞬間に射抜かれる。おまけに矢には毒が塗られていた。

「名乗りもせず攻撃してくるとは……」

宗三郎が戸惑っていると、「怯《ひる》むな！」という景隆の声が飛ぶ。その瞬間、爆発音とともに砂埃《すなぼこり》が舞い、兵士たちが人形のように吹き飛んだ。

「何事だっ！」

陶器製の玉に鉄片と火薬を仕込んだ、てつはうである。

見たこともない武器や、日本とは全く

異なる戦のルールに翻弄され、死傷者が相次ぐ。戦闘が始まってしばらくしたときには、大敗は誰の目にも明らかだった。

「城に退却する！」

景隆の叫び声にも似た指示を聞くや、宗三郎もその場から駆け出そうとしたが、ふと海のほうへ目を凝らした。

「ん……あれは、何だ……」

よく見ると、軍の船のへりに生け捕りにされた女性たちが立たされていた。

もし船の近くで見たならば、さらに愕然《がくぜん》としたことだろう。対馬で残虐の限りを尽くした蒙古軍は、女性の村民たちを生け捕りにし、その手に穴をあけて数珠《じゅず》つなぎにして、矢よけとしていたのである。

「矢よけに、人を……？」

「これほど、むごい仕打ちをできる相手と、私たちは戦っているのか……」

宗三郎が背筋に冷たい汗が流れるのを感じていると、てつはうが近くに投げ込まれ、耳をつんざく。我に帰ると宗三郎はひたすら城のほうへと走った。

途中、何度か蒙古軍に襲われたが、至近距離からの戦いであれば、宗三郎の刀さばきが相手に勝った。それでも城に退却したときは、満身創痍《まんしんそうい》でどの傷口から血がしたたり落ちているのか判別がつかなかった。

託された使命

「む、宗三郎……」

声のほうへ向けば、景隆がやはり傷だらけで壁にもたれかかって、座り込んでいる。

「景隆様！」

宗三郎が駆け寄ると、景隆は息も絶え絶えに「よくぞ生き延びた……待っておったぞ……」と声をしぼり出して、さらにこう続けた。

「蒙古の襲来を大宰府に伝えに行け」

宗三郎は理解が追い付かない。なぜ、自分だけ島から脱出せねばならないのか。

「みなを置いて私だけ逃げろというのですか！」

「違う……誰かがやらねばならんのだ……。大宰府に……伝えよ、この惨状を……。早く知らせてやらねば、国ごとやられてしまう。わかるな?」

さらに、景隆は自分の娘、姫御前を宗三郎のもとへと押しやった。

「姫御前のことは頼む。どうか一緒に島の外へ……」

「ほかの景隆様のご家族は!」

「さきほど自害させた……あとは頼んだぞ、宗三郎」

それだけ言い終わると、景隆は切腹して、その場で果てた。

「か、景隆様!」

もうとうに限界だったのだろう。見れば、身体のあちこちで傷が深い。死してなお、景隆の眼光はなお鋭く、宗三郎に「早く行け」と言っているかのようだった。

宗三郎は姫御前を背負い、海のほうへと駆けて、駆けて、駆け続けた。あちこちにある小さな洞窟のなかで、女子どもが隠れているのを気配で感じる。

「(……どうかみんな、見つからないでいてくれ)」

そう願いながら駆けていると、洞窟の中の母親が赤ん坊の口を塞いでいるのが見え

た。思わず立ち止まって、周囲を見渡すと、蒙古軍は赤ん坊の泣き声を頼りに場所を突き止めて、斬殺を繰り返しているようだった。赤子が泣き声を上げれば、自分だけではなく、洞窟のみなが見つかってしまう。

「許して、許して……」

口を塞がれてぐったりした赤ん坊を抱えて、涙する母の口が静かにそう動くのを見ると、宗三郎はさらにスピードをあげて、がむしゃらに走った。川は血で真っ赤に染まり、あちこちに死体が転がっている。

「一体、どうして……なんで……こんな

ことに！」

思わず足がもつれそうになった、そのとき、一本の矢が飛んできた。

「危ない！」

思ったときには、すでに遅かった。背負っていた姫御前を降ろすと、その肩には、矢が突き刺さっており、ぐったりしている。

「毒か……今、矢を抜くから、お待ちくだされ」

そう呼びかけるが、姫御前は力を振りしぼって、懸命に首を左右に振る。

「……どうか行ってください、この国のために……」

そういうと、姫御前は懐から短刀を取り出して、即座に自らの首に突き刺した。蒙古軍に蹂躙《じゅうりん》されるくらいならばと、自死を選んだのである。

「姫！　なぜ……」

宗三郎は地面に突っ伏して、号泣するも、すぐに立ち上がって駆けだした。

「伝えねば、絶対に伝えねば……」

なんとか海岸までたどり着くと、宗三郎は小さな船に静かに乗り込み、大宰府へと向かった。

「神風」に隠された真実は……

「なるほど……蒙古軍は集団で攻めて来て、毒矢も使うと……」

「はっ」

これだけの緊急事態である。宗三郎は時の執権、北条時宗との対面が許されると、経験してきた惨状を述べた。

「私の主君、平景隆様は、家族とともに自害されました。私にすべてを託して……」

宗三郎が嗚咽を漏らすが、時宗が関心を持っているのは、あくまでも元の兵力とその戦法のようだった。

「お主が話したことは、対馬から来た者の話と一致するな。間違いなさそうじゃ」

宗三郎は時宗を見て、「え」と発して続けた。

「対馬からも知らせが来ていたのですか」

時宗がうなずくと、宗三郎は我を忘れて詰め寄った。

「ならばなぜ！　援軍を送ってくださらなかったのですか！」

時宗は「それは時間的に難しかろう」と冷たく言い放つと、立ち上がった。

「おぬしのおかげで、相手の戦い方がわかった。対策をさらに強化できる」

さらに強化？　蒙古が来襲することを事前に知っていたのか？

言葉がすぐに出ない宗三郎を置いて、時宗はそそくさとその場を立ち去った。宗三郎はただ、こうつぶやくことしかできなかった。

「私たちは、捨て駒だったのか……？」

文永11（1274）年10月20日、元・高麗の蒙古軍は博多湾に上陸。博多から箱崎を攻略して、日本軍の本拠たる大宰府を一挙に占領しようとする。

だが、そこで日本軍の反撃にてこずることになる。

時宗は来襲に備えて、九州各地の沿岸に防塁《ぼうるい》を築き、さらに兵を広く募って警備を強化していた。そのうえ、港にいる高麗人や朝鮮人から、蒙古の情報を収集しながら、対抗するための武器づくりも行っている。限られた時間のなかで、対馬、壱岐での惨状を聞いたことも、対策を練るうえで役立ったことは言うまでもない。

それらの万全な準備が功を奏したのだろう。とりわけ日本側の夜襲に苦しめられたようで、蒙古軍は大宰府の占領を諦めて、船に引き上げている。元の総司令官、クドゥンはこんな意見を述べたという。

「疲弊している兵士をこれ以上使い、日増しに増える敵と戦うのは良策ではない」

「神風」といわれる暴風雨が吹くのは、撤退した日の夜半のことであった。「元寇で日本は神風に救われた」とよく言われるが、元はその前から、日本の思わぬ抗戦に、撤退を決めていたことが、文献で明らかになっている。暴風雨はトドメを刺したに過ぎず、日本は実力で蒙古を撃退していたのである。

そして、その勝利の陰には、対馬や壱岐での語られざる悲劇があったのだった。

もう一度、家族のみんなに会いたかった

豊臣秀次《ひでつぐ》切腹事件に巻き込まれた罪なき姫とその父

安土・桃山時代　豊臣秀次の側室

駒《こま》姫《ひめ》

（1580？～1595年）

山形藩主・最上義光《もがみよしあき》の３女として生まれる。九戸政実《くのへまさざね》の反乱を制圧するため、山形城に立ち寄った豊臣秀次にみそめられ、15歳のときに側室となる。秀次は、豊臣秀吉の甥で、関白の座に就いていた。しかし文禄４（1595）年、謀反の疑いで関白職を解かれた秀次は切腹。同年８月２日、駒姫は秀次の子女・妻らとともに京都三条河原で斬首された。側室となってから、一度も秀次に会うことのないまま起きた、悲劇だったという。

これまでのあらすじ

天正10（1582）年、織田信長が明智光秀に裏切られた「本能寺の変」で命を落とすと、豊臣秀吉は対戦中の毛利氏と和睦。すぐさま兵を京都・山崎に向かわせて光秀を討ち、信長の後継者として存在感を露わにする。

その後、秀吉は壮大な大坂城を築いて、天正13（1585）年には、朝廷から関白に任じられている。「豊臣」の姓を与えられたのは、その翌年のことである。

大名同士で戦うことを禁じた秀吉。戦国の世にピリオドを打ち、全国統一の完成に向けて地歩を固めていた。

関白から届いた、「側室」の要望

東北随一の広さを誇る山形城で一人腕組みをし、書状を見つめている男がいた。周辺の大名を蹴散らして、この城を最も栄えさせた、最上義光[1]である。

「駒を側室に……じゃと？」

書状は豊臣秀次からである。その文面に目を通した義光は思わず絶句した。

秀次は太閤、豊臣秀吉の甥にあたる。秀吉に世継ぎができないため、秀次が豊臣家の関白となった。相手としてこれ以上の縁談はない。だが、秀次には正妻がいる。

わが娘、駒を嫁がせるとなると、側室ということになる。

「豊臣家とのつながりができるのはよいが……駒か……」

東国一の美女――。

そんな声が聞こえてくれば、親としても悪い気はしない。親ばかと思われるのは百も承知だが、美しい娘を手放す心の準備がまだできていなかった。

＊1　戦国末期から江戸初期の武将。出羽の山形城を拠点に上杉景勝《うえすぎかげかつ》・伊達政宗《だてまさむね》らと争う。山形藩主最上家初代。

そもそも、秀次に娘を会わせたことなどあっただろうか。はてと、義光は記憶をたどり、ようやく思い出した。

「あのときか……」

それは4年前のことである。奥州を制圧した秀吉は、東北の土地を再分配した。これを「奥州仕置」と呼ぶが、強引な秀吉のやり方に、南部家の家臣で九戸城主である九戸政実が反発。秀吉はこの討伐を各地に命じている。

応じたのが、最上義光、そして豊臣秀次だった。

自分の後継者である秀次に実績を積ませるためだろう。秀吉は秀次を討伐軍の総司令官に任命。義光は、秀次の指揮のもと政実と戦って勝利を飾った。

「義光殿には随分と助けられた。お礼を申したい」

「なんの、秀次様の総大将ぶりに、安心して戦にのぞむことができましたぞ」

戦を終えた秀次は、京に上る前に山形城に立ち寄った。そのことが、駒の運命を変えたといっていいだろう。盃を交わしているうちに、秀次の飾り気のない人柄に、義光もつい気を許してしまった。

「こちらが、娘たちです。みな、秀次様じゃ。ご挨拶しなさい」

義光にどこか誇らしい気持ちがなかったかといえば、嘘になるだろう。義光は、きらびやかな着物をまとう娘たちを呼び寄せた。挨拶する娘たちににこやかに応じていた秀次だったが、三女の駒のときにだけ少し様子が変わったのは、確かに覚えている。

「駒でございます」

名乗るときに、すっと顔を上げた駒。まだもう少しその顔を見ていたい、そんな思いが無意識にそうさせたのか、秀次は駒のときだけ言葉を発した。

「……そちは、駒と申すのか」

「はい」

その後のことはよく覚えていない。ただ勝利に終わった戦を互いに振り返っては健闘をたたえ合ったように義光は思っていたが、相手は心ここにあらずだったのか。

「まだ11歳だった駒を見初めるとは……」

秀次が秀吉の後を継ぎ、豊臣家の二代目関白に就くのは、その後のことだ。秀吉と茶々《ちゃちゃ》[2]の間にできた鶴松《つるまつ》が3歳で病死したため、後継者は秀次以外にいなかった。

今や京の聚楽第《じゅらくてい》で政を行う身となった秀次。日の出の勢いとはこのことだろう。若くて美しい側室を持ちたいと、駒のことを思い出したに違いない。

だが、義光は15歳に成長した今でもなお、駒を嫁にやることは考えられなかった。こんな返事をしたためている。

「ありがたきお話ですが、駒はまだ幼い子どもです。もう少し成長を待たれてはいかがかと」

だが、何度断っても「ぜひ我が側室に」と書状が送られてくる。なかなか諦めない秀次に日々思い悩んでいると、駒に気づかれてしまった。

「父上、何か心配事でもおありですか」

「……駒」

そのときにふと、駒の人生を変える大きな決断を、父とはいえ、自分一人で下してよいものかという思いがよぎった。相手がこれだけの権力者とあれば、どうしても、送り出す側の戸惑いも大きい。また、側室というのも気にかかる。

＊2 豊臣秀吉の側室で浅井長政《あさいながまさ》の長女。後世の呼称は「淀殿《よどどの》」。

しかし、これも一つの縁には違いない。義光はそう考え直して、駒に打ち明けた。

「実はな。おぬしに縁談の話が来ている」

少し驚きの表情を見せたあと、駒は不安そうに尋ねた。

「……相手はどなたでしょうか」

父がこれだけ悩んでいるのだから、あまり家柄が良くないのだろう。駒がそんな誤解をしてもおかしくはない。義光は腹をくくって言った。

「関白の秀次様だ」

その名を挙げると、しばし黙してから駒は言った。

「随分と前に、戦のあとに立ち寄られた方ですか」

「覚えておるのか」

駒はただ「はい」としか返事をしなかったが、その真剣なまなざしに、義光は慌てて付け加えた。

「ただし、正妻がおる。側室としての話じゃ。気乗りしなければ……」

「いえ、父上。私は、お嫁に参りたいと思います」

駒がまっすぐこちらを見てそういうのを見て、義光は胸に寂しさがせりあがるのをただ感じていた。

父と娘の決意

文禄4（1595）年の盛夏、義光は駒とともに京に上る。人の往来の激しさに駒が圧倒されていると、義光が遠くを指さした。

「あの聚楽第が、そなたが新しく住む場所となる」

そこには、輝く金箔瓦《きんぱくがわら》を持つ豪華絢爛な聚楽第が建っていた。数年前、秀吉はここから大判小判を惜しみなくばらまいたという。

「私があの場所に、ですか……」

事の重大さを理解し始めた駒が、消え入るような言葉でつぶやく。実感が湧かないのも当然だ。生まれ育った故郷の屋敷とは、あまりに環境が違う。

駒が聚楽第に入るまでの数日間、義光はできるだけ駒のそばにいることにした。

「案ずるな。秀次様はお優しい人じゃ」

駒に何度もそう声をかけたのは、何も安心させるためだけではない。本音だった。秀次は勇猛な武将タイプではない。それだけに、どこか人の気持ちを和らげる温かさがあると、義光は感じていた。

「はい、私もそのように、存じ上げております」

駒の意外な一言に、義光が不思議そうな顔をしていると、駒は髪から簪《かんざし》を抜いて手の平に乗せた。

「実は父上に申していなかったことがあります。これは、秀次様に初めてお会いした時にいただいたものです」

「なんと、そのようなことが……」

「いつか必ず迎えに行くから待っていてほしい……そう言われたのです」

秀次にとって、決して得意ではない戦で総大将を務めたプレッシャーはいかほどだっただろう。あの宴は、秀次にとって戦の緊張から放たれて、心からリラックスできた時間だったのかもしれない。

知らぬは親ばかりなりか……。

義光は、妻のことをふいに思った。妻が嫁いできたのは、20歳前後のことである。駒を始め何人も子どもを育てながら、会津や京に来ては、自分のことを支えてくれた。駒もそんな妻になってほしい――。このとき義光はようやく決心がついたのだった。

「駒、達者でな」

泣かぬとは決めていた。簡単には会えなくなるだろうが、離れていても娘は娘。そう言い聞かせて、義光は聚楽第に入っていく駒の背中を見送った。

まさかこれが今生の別れになるとは、夢にも思わなかったのである。

むごすぎる再会

「秀次様が自害とのこと！」

義光はその知らせを聞いたとき、頭が真っ白になる思いがした。一体、なぜ……。

目を見開く義光に側近が言葉を続けた。

「なんでも秀次様に謀反の疑いありとのことで……」

馬鹿な、と義光は首を振る。良くも悪くも秀次にそんな野心はない。それは秀吉が一番よくわかっているはず。

義光の頭にすぐ浮かんだのは、秀次が関白になった2年後、秀吉と茶々の間に生まれた子のことである。その子は「拾《ひろい》」と名付けられ、秀吉が溺愛しているとの噂は、義光の耳にも届いていた。

「拾様を後継者にするために、秀次様が邪魔になった……？」

そこまで一瞬にして思いが駆け巡ったあとに、義光は叫んだ。

「駒は！　駒はどうなるのだ！」

先から側近が押し黙っているのが気になった。足も震えて、今にもその場で崩れ落ちんばかりである。

「も、申し上げます！」

まさか。

「秀吉様からの命で、秀次様の妻子もすべて処罰されるとのことです！」

気がつけば、義光は屋敷から飛び出し、足ももつれんばかりに走り出そうとしたが、あっという間に男たちに取り囲まれた。そのあとのことはよく覚えていない。


「一体、どうして、私が……」

死に装束に身を包み、駒は市中引き回しの牛車に乗せられた。駒が乗せられた二台目の牛車には、駒を含めて4人が乗せられていたという。全部で7台、合計34人の女子どもが、三条河原の刑場へと連れていかれた。いずれも秀次の親族であった。

見物人たちが固唾《かたず》を飲んで見守っている。女子どもを取り囲んだ侍たちのなかから、ひと際、頑強な男が声を上げた。

「それでは、始めることにする」

みながさっと目を伏せたのは、築かれた塚の上に生首が置かれていたからだ。秀次の首である。駒にとってあまりにむごい再会となった。

「この子だけは、なんとかお助けください！」

母親たちの悲痛な訴えもむなしく、幼児３人が次々と刺殺されていった。

「一体、何をしたっていうの……」

駒は自分の置かれた状況も一瞬忘れて、無残に殺された赤子の生涯を思った。子どもの始末が終われば、次は女性たちの番だ。正室の一の台が最初に処刑された。駒は11番目である。処刑された亡骸は、すべて一つ穴に投げ込まれていく。

見物人たちはすでに来たことを後悔し始めていた。『太閤記』[3]によると、こんな声が上がっていたという。

「あわれなるかな、悲しいかな。かくも痛ましいと知っていたなら、見物には来なかったものを」

＊3 豊臣秀吉の一代記の総称。寛永３（1626）年ごろに成立した小瀬甫庵《おぜほあん》の『甫庵太閤記』全22巻が代表的。他に、川角《かわすみ》三郎右衛門著『川角太閤記』や、『絵本太閤記』『真書太閤記』などがある。

処刑は無情にも続けられ、ついに10番目の女性が処刑された。次は、駒である。

「よし、次っ！」

……もう一度、家族のみんなに会いたかったな。

父との京での時間を思い出しながら、駒は一歩、侍のほうに足を踏み出し、西方阿弥陀浄土に向かって手を合わせた。

執行人が刀を振り上げる。瞬時、駒は顎《あご》を少し前に、差し出した。

「駒ッ！　なぜ、なぜだっ!!」

数日後、駒の遺髪を手渡された義光は慟哭《どうこく》してへたりこむと、しばらく立ち上がることができずにいた。

義光もまた、秀次の謀反にかかわった疑いで、邸宅に蟄居《ちっきょ》させられていた。

「あのとき、縁談のことさえ、駒に話さなければ……」

駒の死後、湯も水も喉を通らなかった義光。何度も、己の判断を悔やんだ。

そして、駒姫が亡くなって二七日《ふたなのか》が過ぎた頃のことだ。さらなる悲報が義光のもとに届く。なんと、義光の妻が急死したという。

「何もお前まで逝くことはないじゃないか……」

茫然自失となった義光。流す涙すらもはや残っていなかった。まもなくして蟄居が解かれると、秀吉の使者から次のように伝えられた。

「娘を死罪としたことを、きっと不快に思うだろうが、秀次が反逆を企てた以上は、やむをえないことと思うべきである。こうなったからには、汝《なんじ》の罪科も許してやろう」

きっと不快に思う……じゃと。

あまりに強くこぶしを握りしめたからだろう。指の間からにじみ出た血が畳に滴るのを見下ろしながら、義光は頭を垂れて、ただこうつぶやくのみだった。

「有難き上意」

その後、関ヶ原の戦いでは、義光は豊臣家の重臣である石田三成側ではなく、東軍の家康側につく。秀吉への憎しみが、義光を戦へと駆り立てた。

「北の関ヶ原」とも呼ばれる慶長出羽合戦[4]において、義光は獅子《しし》奮迅《ふんじん》の活躍を見せて、徳川政権の樹立に大いに貢献した。

一体、どれほど無念だっただろうか。

いくら想像しても足りないが、何事もなかったかのように、義光の騎馬像は、全国でも屈指の美しさを誇りながら、今でも山形城跡で勇ましい姿を見せている。

＊4 関ヶ原の合戦の際に東北で起きた合戦。義光は、上杉景勝軍に攻めこまれるが、辛うじてもちこたえ、戦後に徳川家康から57万石の領地を認められた。

［第3章］

嫉妬と策略にはめられたけど死後、評価が一転した生き方

人のために、真面目に働いていたはずが
いつの間にか悪者の立場にされてしまった……

そんなことが、今の世の中でもあるかもしれません。
歴史の中でも、うずまく嫉妬と策略に足をすくわれた人々がいました。

すぐには認められなくても
誠実な生き方は必ず誰かが見てくれている。

そんなふうに思わせてくれる人生を紹介します。

誰も私の話など聞いてくれぬではないか……

憎しみが生み出した物語に、書き換えられた人生

江戸時代中期　加賀藩家臣

大槻伝蔵《おおつきでんぞう》

（1703〜1748年）

加賀金沢藩に生まれる。もともとは足軽の子で、最初は御居間坊主として仕えるが、加賀藩第６代藩主・前田吉徳《よしのり》に見出され、藩財政を任された。吉徳のもとで権勢をふるったが、延享２（1745）年に吉徳が急死すると、反対派により排斥されてしまう。いわゆる「加賀騒動」とよばれるこの事件は、藩主の後継者争いも絡まって諸説を生み、後世に、歌舞伎や小説などの題材としてさまざまに脚色された。

これまでのあらすじ

徳川家康は慶長８（1603）年に江戸幕府を開くと、２年後には次男の秀忠に将軍の座を譲った。徳川家の世襲で政権を担っていくと対外的に示すためである。

まだ徳川政権が盤石ではない時期に、家康と秀忠が特に注意したのが、外様《とざま》大名である。なかでも、加賀藩は「加賀百万石」の領土を持つ。秀忠が娘の珠姫を加賀藩の第２代藩主、前田利常《としつね》と婚姻させたのも警戒心からだった。

そんな加賀藩も17世紀末から18世紀初めの元禄期以降は、家格の維持に苦しんだ。享保８（1723）年に前田吉徳《よしのり》が第６代藩主になると、財政改革に着手。その改革に抜擢されたのが大槻伝蔵だった。

一大スキャンダル・加賀騒動の主役の素顔は……

加賀騒動――。仙台藩で起きた伊達《だて》騒動や、福岡藩で発生した黒田騒動に並んで、江戸時代に起きた「三大お家騒動」とされるものの一つである。

加賀騒動は一大スキャンダルとして、小説や講釈、歌舞伎などの題材となり、明治にかけて人々の注目を集めた。

何といっても、インパクトがあるのは稀代の悪者、大槻伝蔵である。

物語では、異常な出世欲を持った大槻が、足軽の息子で小坊主という身分から這い上がるべく、あらゆる策略を巡らせていく。大槻は加賀藩6代藩主、前田吉徳《まえだよしのり》に取り立てられることに成功。側用人《そばようにん》[1]兼家老まで出世をはたす。

それでも満足しない大槻はあろうことか、吉徳の側室と密通しながら、吉徳を事故死に見せかけて殺害。さらに、吉徳の長男である宗辰《むねとき》まで毒殺で亡き者にし、そのうえ、次男の重熙《しげひろ》を毒殺しようと試みる……。

＊1　大名・旗本などの家で、主君のそば近くに仕えて庶務や会計などに当たった職。

「なんて非人道的な男なんだ、大槻は！」

物語に触れた者は誰もがそう憤慨するなかで、前田土佐守家[2]5代目の前田直躬《なおみ》が悪役、大槻を追い詰めていく。

話の筋は大体、そんなところだが、実は事実は異なる。大槻が毒殺したとされる宗辰は病死であり、重熙への毒殺疑惑にいたっては、事実無根だということが、史家や歴史小説家の調査でわかっている。なぜ、大槻はそこまで悪役にされたのか。

1742（寛保2）年、大槻伝蔵が橋の上に佇んで、金沢城下を流れる犀川《さいがわ》の水面を眺めていると、なじみの男たちが通りかかり、声をかけられた。

「伝蔵に橋を架けかえてもらってからというもの、どんな洪水がきても、びくともしねえや」

「伝蔵さん、ありがとうな」

伝蔵が照れ笑いすると、男たちはガヤガヤと通り過ぎていった。

自分のやった仕事が認められると、心からほっとする。足軽出身の自分でもここに

＊2 前田利家《としいえ》の次男、前田利政《としまさ》を家祖とする一族で、加賀藩主前田家の分家筋にあたる。

いていいのだと、居場所を与えられたような安心感を持つのだ。

気がつけば、治水工事の工程を振り返っていた。ポイントは、洪水でいつも崩れるのは左岸だと気づいたことだ。そこで、伝蔵は副堤を築いたうえで、さらに岸壁を石垣に変えたのである。

「橋の長さと幅を縮めたのも、よかったのであろう」

気づけば、後ろに加賀藩6代藩主、前田吉徳が立っていた。

「吉徳様、これは気づかずに……」

「日頃からせわしなく働きまわっておるのじゃ。ぼんやりした時間もたまにはよい」

「はっ」

「といっても、そなたのことじゃ。仕事のことを考えておったな」

なんでもお見通しだなと、伝蔵は苦笑いをした。

「はい、実は浅野川の橋も同じようにできないものかと」

「ふむ、よいではないか」

ただ、伝蔵には気になっていることがあった。

どうも加賀藩士の一部が、伝蔵が橋を短くしたことについて「不吉なことで、必ず祟りがある」と言いふらしているらしい。そのことを吉徳に告げようかと思ったが、またどんなかたちで周囲に伝わるかわからないので、止めておいた。

「ありがとうございます」

そう言うにとどめて、伝蔵は立ち去る吉徳の背中に一礼をした。

吉徳に見出されなければ、今頃どうなっていただろうか。御居間坊主として仕えるようになったのが、15歳のときのことだ。以来、吉徳のもとで必死に仕事に打ち込んできた。

若い頃から仕えているので、周囲は年上ばかりである。若者は重宝されて、何かと藩の仕事を任された。その頃、藩の財政は危機的状況にあり、やらねばならないことは、いくらでもあった。

伝蔵が無我夢中になって、矢継ぎ早に手を打っていくうちに、気づけば、どんどん出世していた。

「喜ばしいことではあるが、気をつけなければ……」

伝蔵の脳裏には一人の男がいた。

加賀騒動のヒーロー、前田直躬の憂鬱

「なぜ、吉徳様は伝蔵のことばかりを可愛がるのか解《げ》せんのう」

前田土佐守家5代目の前田直躬が、そう愚痴をこぼして酒をあおると、弟子の青地《あおち》礼幹《れいかん》がすぐさま酒を注いだ。

「まったくですな。伝蔵の藩政改革が随分と評価されているようで……」

「何が改革だ。倹約、倹約と口やかましく言って、あとは橋を短くして架け直したりしておるだけじゃ」

「吉徳様の威を借るキツネ、ですな」

「こうなったら、宗辰様のところに行くしかあるまい」

宗辰とは、前田吉徳の長男、前田宗辰のことである。吉徳に疎まれた直躬は世代交代を見越して、息子である宗辰のもとへと頻繁に足を運ぶようになった。

自分がこれから人の上に立つことがわかっている者は、「自分だったら、こうするのに」「どうして、あのような指揮をするのだろう」と、現職に批判的になり、つい前のめりになりがちである。宗辰も例外ではなく、直躬から伝蔵の悪しきふるまいを吹き込まれるにつれて、自分が何とかしなければという思いを強くしていく。

「伝蔵はそんなに勝手なふるまいをしておるのか」

「はい、御父上の威光をかさに、自分の私見をあたかも君命のように伝えております」

直躬の腰巾着である青地も、すぐさまそれに同調する。

「そのとおりです。それも自分と同じく卑しい身分の者ばかりを取り立てて、悦《えっ》にひたっております」

「そうか……」

宗辰が眉間にしわを寄せる。直躬は宗辰に対して、実に3度も伝蔵の弾劾《だんがい》状を提出している。そこに黒い思惑があることに、宗辰は気づけない。若さゆえに、周囲に頼られることに慣れておらず、期待に応えなければとつい思ってしまう。

「訴えはよくわかった。父には話しにくいこともあるだろう。これから、気がついた

ことがあれば、何でも申せ」

直躬は「はっ」と目を伏せながらも、青地をみてにやりと笑った。それからも直躬は宗辰のもとへ通い続けた。

だが、直躬のそんな勝手な行動を吉徳が知るところとなる。吉徳は激怒し、直躬を重臣から罷免《ひめん》。厳しい処分に、直躬は屈辱に震えた。

「吉徳様に話を聞いてもらえぬがゆえに、宗辰様に弾劾状を出し続けただけのこと。なぜ吉徳様は伝蔵のことばかりを……許せん。このことは、断じて許せん」

もはや時が来るのを待つのみ。その日を、直躬はひたすら待ち続けた。

そして延享2（1745）年6月12日、江戸への旅から帰って以来、体調を崩していた吉徳は、治療の甲斐《かい》もなく命を落とす。死因は水腫《すいしゅ》[3]。56歳の若さだった。

揺らぎだした、伝蔵の足元

「何か誤解があるようなので、説明させてください」

吉徳の一周忌が終わる頃、伝蔵は家老の本多政昌《ほんだまさあきら》の自宅に呼ばれて、いきなり蟄居《ちっきょ》の処分を言い渡された。

なんでも、吉徳の体調が悪いにもかかわらず、伝蔵が看病を怠ったという。蟄居を受け入れれば、外へ一歩も出られなくなってしまう。伝蔵は必死に主張した。

「私は片時も吉徳様のおそばを離れることなく、看病をいたしました。どうか、十分にご詮議《せんぎ》願いたい」

「どうも聞いている話と違うな。お主は介抱もろくにせずに、自分と知り合いの医師や家臣たちばかりに、看病を押しつけたそうじゃないか」

＊3 俗にむくみともいう。原因となる疾患は、心臓病や肝臓病のほか、栄養失調など。

事実無根である。だが、人はあまりに事実と違うことをぶつけられると、何から反論してよいかがわからなくなり、自分が疑われているという事実に、半ばパニック状態に陥ってしまう。

言いたいことはいくらでもある。看病にあたっては、藩中の医師すべてに診てもらったうえに、京から名医も呼び寄せた。もちろん、自身も昼夜看病にあたり、排泄の世話も行い、帰宅もままならないほどだった。それは、ほかの者だって見て知っているはず――。

「誤解があるのであれば、改めて書面を差し出して、申し開きをせよ」

混乱しながらも必死に反論したが、伝蔵には金沢の屋敷に蟄居という処分が下され、その二年後には、越中国《えっちゅうのくに》の五箇山《ごかやま》[4]に配流されることになる。

「結局、誰も私の話など聞いてはくれぬではないか……」

しかし、まだ地獄は終わりではなかった。

＊4 現在の富山県の西南端、岐阜県境の山あい。

止まらない憎しみが作り出した物語

伝蔵が絶望の底に沈んでいくのを感じていた、その頃、加賀藩では新たな疑惑が持ち上がっていた。

何でも伝蔵が、吉徳の側室だった真如院《しんにょいん》と密通し、宗辰の生母である浄珠院《じょうじゅいん》や、吉徳の次男で第8代藩主の前田重熙の毒殺を企んだというのである。

「蟄居しながら、各方面に連絡をとっておったのでしょう。伝蔵を拷問にかけて、白状させなければ、また大変なことに」

重熙にそう進言したのは、やはり直躬であった。

自分を出し抜いて出世した伝蔵への憎しみ。それは、もはや十分に晴らされたように見えた。だが、憎悪は憎悪を生み、心のどこかにある後ろめたさが、あらぬ事実を次々と作り出す。策略のはずが、もう本人にも止められない妄想となり、ひたすら不安な心が駆り立てられる。

伝蔵が五箇山で自害したという知らせを聞いてもなお、直躬はこうつぶやいた。

「これで少しはわかったか？　いや待てよ……民衆はどう思うだろうか。まだ伝蔵の小狡《こずる》さをわからん者がいてもおかしくはない……」

「加賀騒動」と呼ばれるこの一連の顚末《てんまつ》は、伝蔵が死んでしばらくしてから、歌舞伎や浄瑠璃の題材となり、庶民の娯楽として人気を呼ぶことになる。

見どころはなんといっても、卑しい身分の大槻伝蔵が、謀略《ぼうりゃく》を用いて出世し、ついには、主君を暗殺して権力掌握を目論むものの、伝蔵の思惑に気づいた直躬たちがそれを何とか阻止する場面だ。

観客はみな、こう溜飲《りゅういん》を下げたことだろう。

「大槻め！　ざまあみろ！」

この勧善懲悪《かんぜんちょうあく》の物語は史実とはまるで異なる――。史家や歴史家が考証を進めてそのことを明らかにするのは、大正時代以降のことだった。

かように、まっすぐに生きられたら……

嫉妬に足をすくわれた、忖度できない政治家

奈良時代　王族の政治家

長屋王《ながやおう》

(676？～729年)

天武天皇の孫。有力な官人である藤原不比等《ふひと》の没後、右大臣、のちには正二位左大臣となり、王族政治家として政界を主導した。有力な皇位継承候補者でもあったとされる。国家を傾けようとしていると密告され、自殺に追い込まれた「長屋王の変」で知られる。儒教を重んじ、詩文を好み、よく詩を詠む会も催していたともいわれ、『万葉集』にも5首、長屋王の歌が収められている。

これまでのあらすじ

大宝元（701）年、日本初となる体系的な法典『大宝律令』が完成した。立案に貢献したのが、藤原鎌足《かまたり》の子で右大臣の藤原不比等である。同年、不比等の娘である宮子と文武天皇との間に首《おびとの》皇子《みこ》が誕生する。

文武天皇が25歳の若さで崩御すると、首皇子がまだ7歳だったために、文武天皇の母、元明天皇が即位。元明天皇は和銅3（710）年、平城京への遷都を行う。主導したのは、やはり不比等である。

首皇子が聖武天皇として即位したのは、神亀元（724）年。不比等は4年前に没していたが、その子にあたる藤原四兄弟が、政界に進出し始めていた。

忖度を知らぬ、凜《りん》とした王

「いよいよ、長屋王様の時代が来た。しっかりお仕えせねば」

神亀元（７２４）年、元正天皇から聖武天皇へと皇位が引き継がれると、長屋王は右大臣から左大臣に昇格。46歳にして[1]実質的に政権を担った。今でいうところの内閣総理大臣といったところだろう。

以前からそばに仕える大伴《おおともの》子虫《こむし》は、長屋王の目覚ましい活躍が我がことのように嬉しかった。

なにしろ、長屋王は天武天皇の孫という血筋の良さだけではなく、官人としての能力も高かった。

慶雲元（７０４）年に初めて正四位上の位階を授かってから、順調に出世。宮内卿に任じられた翌年には式部卿に就《つ》き、役人の人事を主に担当する式部省の長官として、改革を推し進めていく。右大臣の藤原不比等が亡くなったあとは、政府の首班となり

*1 54歳という説もある。

事実上のトップとなった。

だが、子虫がそばで見ていても、長屋王自身に野心らしきものは見られなかった。それが長屋王の良いところだとはわかりつつも、子虫の心配事は尽きない。右大臣の藤原不比等が亡き今、藤原の四兄弟[2]が台頭している。血筋が良く実力もある長屋王のことを疎《うと》ましく思っているのは、火を見るより明らかであった。


「長屋王様、藤原の四兄弟には、くれぐれもお気をつけください。それに、長屋王様が綱紀粛正《こうきしゅくせい》[3]を唱えられたことに、反発を持つ官人たちも多いと聞いております」

子虫が心配してそう意見するも、長屋王は書物を読みふけったまま、「そうか」と言うのみである。

そして「そんなことよりも」と言って、書物を見せては、唐がいかに進んだ国家であるかを子虫に興奮気味に話し始めた。

「唐には、天命思想というものがあってな。天子たるものは、天命を承《う》けて、天下を治めるものとある。つまり、世の中に良くない傾向があれば、天子の徳不足というこ

＊2 絶大な権力を誇った藤原不比等の子らで、武智麻呂《むちまろ》・房前《ふさざき》・宇合《うまかい》・麻呂の４人。
＊3 国家の規律や秩序を整え、政治の不正を正すこと。

とになる……」

　子虫は「ちょっとお待ちください」と思わず口をはさんだ。

「さようなことをあまり強調されると、天災が続いている今、まるで帝が徳不足のような印象を与えてしまいます」

　天災とは長引く飢饉《ききん》のことである。長屋王は「ふうむ」と言ったきり、また書物に目を落として、しばらくしてからこう言った。

「もちろん、かような天災が続いているのは、帝に徳が足りないせいばかりとはいえない。むしろ、腐敗した官吏《かんり》に原因があると思うておる。だからこそ、官人を善悪の二つに分けて、公務に励む者は表彰し、怠慢な者は解任処分に処すべしと申しておるのだ」

　理屈としては正しい。いや、正しすぎるのだ。子虫は自分の立場をわきまえて、それ以上は言わなかったが、長屋王が周囲の反発を買い、孤立するのを恐れていた。

　そんな浮かない表情を見てか、長屋王は微笑んだ。

「案ずるな。帝はわしの諫言《かんげん》をも聞き入れてくださった。そう心の狭き方ではござらん。それに今は、我が子のことで心はいっぱいじゃろう」

帝が聞き入れた長屋王の諫言とは、聖武天皇の母である藤原宮子についてのことである。帝は即位してすぐに、宮子に「大夫人《だいぶにん》」という尊称を与えるという勅《みことのり》を出した。その裏では、藤原四兄弟が暗躍していたことは言うまでもない。

それに対して、長屋王は「大夫人という呼び名は法令的におかしい」と待ったをかけたのである。その言い分はしごく正しい。長屋王の異議を受けて、帝は勅を取り消している。一度、出した勅を取りやめるのは、異例のことだった。

「(確かに、帝はお生まれになったばかりの息子に夢中で、気にされてはいないだろう。だが、メンツをつぶされたのは帝ではなく、提案した藤原氏のほう……)」

子虫は不安に駆られるが、目の前の長屋王はといえば、ただひたすら読書に励み、唐の政治をいかにこの国に取り入れるかに思案するばかり。そんな凛とした姿を見ていると、政治的な思惑ばかりが気にかかる自分が器の小さな人物に思えてくる。

「承知いたしました。王ならばきっと帝を支えて、飢饉で荒れた人心をもまとめてくださることと思います」

しかし、長屋王は急に顔をしかめてこう言った。

「ただ、帝はややご子息に熱をあげすぎのようじゃ。お生まれになったばかりなのに、皇太子にすると宣言したのは、あまりにも時期尚早……」

子虫が冷や汗をかきながら、「そのようなことを口にされては……」と狼狽《ろうばい》すると、長屋王は「わかった、わかった」とまた笑みを見せた。

かように誰に対しても態度を変えず、まっすぐに生きてみたいものだと、子虫は今更ながら、長屋王のことを羨ましく思った。

そうして長屋王の屋敷に勤めながら、子虫は平和な日々を過ごしていた。長屋王は左大臣になってからも、何も変わらず日々勉強し、唐の政治に少しでも近づこうと、さまざまな施策を打ち出していく。

何もかも杞憂《きゆう》に終わりそうだと、ほっとした矢先のことである。聖武天皇の息子、基《もとい》がわずか二歳で命を落としてしまう。

「あれほど、帝が大切にされていたのに……」

長屋王が庭にたたずみ、空を見上げると、その頰を涙が伝う。子虫はただそれをそばで見つめることしかできなかった。

　このとき、事件がその身に降りかかろうとしているとは、あれだけ警戒していた子虫すらも、想像しなかったのである。

突如、一転した立場

　翌年のある日の夜中、屋敷の外が騒がしいと、子虫が外に出てみると、無数の松明《たいまつ》がめらめらとその炎を燃やしながら、塀の外をぐるりと取り巻いている。堀が兵たちに囲まれている――。

　茫然と立ち尽くしていると、兵の中から一人が前に進み出て言った。

「藤原宇合《うまかい》じゃ。長屋王が怪しげな教えを行い、国家を傾けようとしたと、訴え出た者がおる」

「ばかな！　王がそんなことをするはずがなかろう！」

　そう抗弁するも、兵士たちは配置につき、松明の数はあとからあとから増えていく。

兵はふん、と鼻を鳴らして、こう言った。

「この屋敷はすでに包囲されておる。言っておくが、三関《さんげん》[4]はすでに閉鎖した。逃げようとしても無駄じゃ。長屋王にそう伝えよ」

やはり藤原氏の動きにもっと気をつけるべきだった。……そう後悔したところで、もう時を戻すことはできない。慌てて正殿の長屋王のもとに駆けつけて報告した。

長屋王はいつも通りに平然と「そうか」と言って、何やら考え込んでいると、起きてきた妻の吉備内親王《きびないしんのう》と我が子をしっかりと抱きしめ、「案ずるな、明日を待とう」と優しく語りかけた。

翌日から屋敷では、官人たちによる喚問が行われた。言うまでもなく、無実の罪である。疑いは、きっと晴れるはずだと、子虫は自分に言いきかせた。

だが、子虫を呼び、すっかりやつれた長屋王の口から出たのは、こんな一言だった。

「もはや潮時じゃ」

「何をおっしゃいますか！　王が……だれよりもこの国のことを考えていた王が！　そんな罪を犯すはずがないではありませんか。みなもよく承知のはずだ！」

＊4　都の防備のために設置された3つの関所。伊勢国（三重県）の鈴鹿《すずか》の関、美濃国（岐阜県）の不破《ふわ》の関、越前国（福井県）の愛発《あらち》の関の3つ。

取り乱す子虫の両手を握って、長屋王はいつものように微笑んだ。

「これまで大儀じゃった。礼を言うぞ」

ばかな……子虫が膝から崩れ落ちると、長屋王はこうつぶやいた。

「将相《しょうそう》は理に対して冤《えん》を陳《の》べず。謀反《むほん》の疑いをかけられれば、それまでじゃ」

政治の要職に就くものは、重大な疑いを受けたならば、冤罪だと弁明することは許されない——。

長屋王は身をかがめて、子虫の目を見てこう言った。

「そなたはようわしに助言してくれた。これからは自分の人生を生きよ」

「長屋王様……諦めてはなりませぬ。生きましょう」

屋敷が包囲されて3日後の朝のことだ。

子虫が正殿の居間に入ると、長屋王は写経机にもたれかかっており、すでに息はなかった。自決である。傍らには、長屋王の妻と子の死体もあった。

「おい、放せっ。長屋王様、長屋王様ー！」

そう叫びながら子虫は抵抗するが、連れ去られてしまい、流罪が言い渡されることとなった。

不名誉な噂と、子虫の復讐

「長屋王の祟《たた》りだろう、これは」

「これだけ世が乱れるのは、あの事件が起きてからだしな」

あの日から約10年の月日が過ぎ去った。町で飛び交う噂を耳にすると、子虫は思わずにらみつけそうになる。

のちに「長屋王の変」と呼ばれる事件のあと、長屋王の子どもたちに、叙位が行われた。クーデターを起こした罪人の家族をなぜ優遇するのか。それは後ろめたいところがあるからにほかならない。

わが子を失い、失意に沈む聖武天皇と、そこにつけこんで、長屋王にあらぬ罪をかぶせた藤原四兄弟。

許せない――。

怒りが湧きあがるが、それをぶつける藤原四兄弟は、すでにこの世にいない。天然痘の大流行[5]によって、相次いで命を落としたのである。人々はそれを長屋王の祟りだと考えて、聖武天皇も長屋王の怨霊を鎮めようと、心を砕いている。

「何という愚かな……」

考え事をしているうちに、勤務先である左《さ》兵《ひょう》庫寮《ごりょう》[6]の庁舎に到着した。事件後、いったんは九州の大隅《おおすみ》に流されて、再び都に戻った子虫。五十代半ばにして、兵器を保管する仕事を得ることができた。

上官は中臣宮処東人《なかとみのみやこのあずまひと》。まさに長屋王のことを密告した人物である。

＊5 天平9（737）年、天然痘が日本中で大流行し、たくさんの人々が命を落とした。多くの百姓が倒れ、農産物の生産も落ちた。藤原四兄弟も命を落としたことで政治にも大混乱をきたした。

＊6 兵器の保管や出納を司った役所。

政務の間に、いつものように子虫は中臣宮処東人と囲碁に興じていた。当初は警戒されたものだが、媚《こ》びへつらってきたおかげで、最近はすっかり打ち解けた。すべては、今日の日を迎えるための布石である。

「長屋王様ももう少し、考えて行動なされればよかったものの。綱紀粛正などと、うるさいことを言うから、疎まれたのじゃ」

そんな軽口が出た瞬間、子虫は中臣宮処東人を斬りつけた。絶命の瞬間、わずかに口が動く。

「おぬし、始めから……」

血濡れた刀を放り出すと、子虫はゆっくりとその場を立ち去った。書物を読みふける長屋王の姿が、いつまでも子虫の頭から離れなかった。

誰からも尊敬される、そんな背中を見せたかった

人のために尽くし、80歳まで夢を追い続けた天才商人

江戸時代後期　商人

銭屋五兵衛《ぜにやごへえ》

（1773〜1852年）

加賀国宮腰浦（現・金沢市）に生まれる。代々両替商を営んだため銭屋と称した。16歳で父から家督を相続すると、商売の手を広げ、ひょんなことから手にした３人乗り120石積の船をもって海上進出を果たした。廻米《かいまい》事業などで成功し、全国34カ所に支店、大小船合わせて二百数十艘《そう》を持つ豪商に成長。最晩年には河北潟《かほくがた》（石川県の中部にある潟湖）の干拓に乗り出すなど、80歳で獄中死するまで夢を追い続けた。

これまでのあらすじ

江戸時代中期、飢饉や天災により幕府の財政が逼迫《ひっぱく》すると、天明７（1787）年から寛政５（1793）年にかけて、厳しい倹約令による財政緊縮政策が行われた。老中の松平定信による「寛政の改革」である。

改革は一定の成果を上げたが、その後蝦夷地《えぞち》の経営などの臨時支出が増加すると、幕府は質を落とした貨幣を大量に鋳造。物価の高騰を引き起こしてしまう。

しかし、その一方で、商人の経済活動は活発化。「化政文化」と呼ばれる町人文化が江戸を中心に発展することとなった。

父の教えに導かれた、遅咲きの商人

文化７（１８１０）年、第11代将軍の徳川家斉《いえなり》のもとで、町人文化に花が咲き始めた頃のことである。商人の銭屋五兵衛は父から引き継いだ古着、呉服の商売を昨年に思い切って止めた。売上は伸びていたので、店じまいするのをずっと先延ばしにしていたが、父からこう勧められたからだ。

「お前が病気になったら、代わりをするものがおらんだろう。売上が良いうちに、事業を縮小していき、畳んではどうだ」

浮き沈みが激しい商売だからこそ、引き際を間違えずに、新しい事業に挑んでいく。それが父のポリシーであり、五兵衛はそれに従ったのだった。

「何かといえば、節約、節約。慎重なおっとうらしいや。おかげで、在庫品が高く売れて、随分と潤ったわい」

五兵衛は妻のまさに「一体、いつまで現役のつもりでいるんだか」と言って笑ったが、そんな父もやがて病に伏せることとなる。日に日に衰弱していく父の姿に気づかぬふりをしながら、五兵衛は困った顔を作って、こう相談を持ちかけた。

「そんなわけで、そいつに貸した金がかえってこねえから、仕方なく船をもらうことになったのよ。ただ、なにぶん古い船なもんだから、買い手がつかなくて困ってるんだ。おっとう、何かいい方法はねえか」

40歳近くにもなって、父に商《あきな》いのアドバイスを求めたのは、少しは気力を取り戻してくれればと思ったからだ。父は「それなら、船を町のみんなに見せてみてはどうか。引き取り手が見つかるかもしれんぞ」と、かすれた声で五兵衛に言った。

「どうせ、みなに見せるなら、少しは見栄えを良くするか」

五兵衛は、少し修理して手入れをしているうちに、なかなか立派な船だということに気づく。これなら商売ができそうだと船を売るのを止めて、船頭を雇って商売米を運ばせたところ、これが見事にうまくいき、銭を稼ぐことができた。

「おっとうの言う通りにしたら、大儲けよ！　助かったあ」

五兵衛が大げさに言うと、病床の父は嬉しそうに笑った。

「昔少しは話したことがあったかもしれんが、わしも若いころは海運業をやっておった。海はいいぞ」

毎日毎日、休むことなく商いに明け暮れた父の、そんな穏やかな笑顔を見るのは、初めてのことだった。父が70歳で他界したのは、それからしばらくしてからのことである。五兵衛はこんな方針を固めていた。

「よし、次の商売は海運業にしよう」

思えば、すべては父の思《おぼ》し召しだったのかもしれない。38歳とすでに若くはないが、五兵衛は中古船で海へと乗り出していく。それから海運業の可能性に気づかされるまでに時間はそうかからなかった。

加賀の米を蝦夷地で売り、蝦夷地からは材木や海産物を運ぶ――。

危険はあるが、だからこそ儲かる。五兵衛のアイデアは大当たりして、莫大な儲けとなった。利益を元手に、船を次々に購入しては、取引港を松前、津軽、酒田、越前、大坂と広げていく。その活躍ぶりは、やがてこんなふうに囁《ささや》かれるようになった。

「海の百万石《ひゃくまんごく》」

五兵衛は一代にして、海運業で巨万の富を築いたのである。

困っている人のためにも尽力した五兵衛

「贅沢は決してするな。商売第一、仕事を大切にな」

五兵衛は何度、口すっぱく息子の喜太郎に話したことだろうか。17歳になれば、家督を継ぐのが、銭屋の伝統である。そのため、喜太郎に譲りはしたものの、当の本人は商いになかなか身が入らない。

父が自分に商いを叩き込み、最後は海運業へと導いてくれた。そのおかげで、今の贅沢な暮らしができる。だから自分も同じように、息子へ己の経験を伝えたかったが、本人にやる気がみられず、喜太郎は俳諧や茶道にばかり熱を入れる始末だった。

「弟の佐八郎のほうが、見込みがあるな……」

もはや弟のほうに期待を寄せていると、そんな態度が伝わったのか、喜太郎がやけにつっかかってくる。こんなことまで言いだした。

「とっつあんの前じゃ、みんな金が借りたくて、頭をペコペコ下げてるけど、本心は違う。成り上がりの癖に、ってみんな陰口を叩いてるんだ」

口だけは一人前だ。いつまでも自分がいるから、息子は育たないのかもしれない。息子の喜太郎に家督を譲ってから10年が経つ頃に、五兵衛は息子たちと別居することを決意する。

「もうわしのことはあてにするな。弟の佐八郎と番頭の次郎兵衛を両腕と思い、商売の相談をせよ」

喜太郎にそう言い残すと、五兵衛はあらかじめ、買い上げておいた土地に隠居所を作り、そこに移ることにしたのである。

呑気《のんき》な隠居暮らしに入った五兵衛だったが、喜太郎からかつて言われた言葉が妙に心に引っかかった。

町人のみなが自分のことをよく思っていないとしたら、何とかせねばならない。五兵衛は、みなの負担を軽くするために、藩の御用を積極的に引き受けることにした。

ある日のこと、町奉行のもとへ足を運ぶと、五兵衛は藩から求められている銀について、町に割り当てられている60貫のうち、25貫を引き受けると申し出た。

「五兵衛殿にお願いしたいのは、15貫じゃが、10貫も余計に負担してくれるのか。それは助かるが……本当にそれでいいのか」

そう言いながらも、町奉行の頬はすでに緩んでいる。その頃、天保の改革[1]によって、藩の財政状況はひっ迫していた。

「みんなの負担が軽くなるのであれば、それでいい。気にせんでくれ」

それからも五兵衛は、貧しい人たちを助けるために米や銀を町奉行に寄付した。さらに隠居所の建て替え工事も行い、職人や大工を大勢雇った。失業対策である。

＊1 天保12〜14（1841〜43）年に、老中・水野忠邦《みずのただくに》が行った改革。江戸の三大改革の一つとされる。倹約・風俗粛正を断行し、人返しの令や株仲間の解散、物価引き下げなどの諸改革を行った。

「五兵衛さんのおかげで、負担金は随分と少なくなったらしいな」

「仕事にもありつけたって、あちこちで聞くしな」

さらに、飢饉対策として、サツマイモの栽培を広めた五兵衛。少しでも苦しい人が減るのであればと、資金援助をしているうちに藩の権力者たちとも結びつきが強くなり、また大きな仕事が舞い込んでくるという好循環を生んだ。

「わしはみなに嫌われとったんじゃな……」

もはや富豪となった五兵衛。晩年に描いた夢は、河北潟《かほくがた》[2]の埋立てである。

「新田が開発できれば町はもっと豊かになるはずだ」

そんな思いからだったが、銭屋を継いだ息子の喜太郎とは、相変わらず意見が合わない。新田の開発にも反対されてしまう。

「みなが計画に賛成しているわけじゃない。ただでさえ、おれたちは目立つんだ」

喜太郎の苦言に対して、五兵衛は聞く耳をもたなかった。

＊2 現在の石川県中央部にある潟湖《せきこ》。かつて大雨が降ると、周辺に冠水被害を与えていた。五兵衛の埋立事業ののち、昭和46（1971）年、農林省（現・農林水産省）により約３分の２が陸地化された。

「村の役に立ちたいのだ、それの何が悪い」

そんな強い気持ちで、五兵衛は30歳近くになった三男の要蔵に目をかけて、ともに事業を進めた。その評判はたちまち広がっていった。

しかし、一方的に助けられてばかりいると、どこか引け目を覚えるのが人間なのかもしれない。そもそも、五兵衛がなぜそんなに裕福なのかと囁く者が現れ出した。

「おい、聞いたか。五兵衛はさ、違法な抜け荷をやって稼いでるらしい」

「聞いたことあるな。藩のお偉い方とつ

ながっているから、密貿易も見逃されているんだってな」

「新しく作った隠居所もずいぶんと豪勢でな。藩の年寄連中が盛んに出入りしていると聞いた」

五兵衛が、違法行為をしていたのかどうか。本当のところはわからない。ただ、飢饉でみなが苦しんでいるなか、どうも余裕しゃくしゃくなのが気に食わない。商いの才があったからといって、そんなに庶民と差があっていいものなのか……。

凶作も重なり、そんな不穏な空気が流れるなか、嘉永５（１８５２）年8月、河北潟で大量の魚が変死した。埋立事業を進めていた五兵衛の仕業に違いないと、大騒ぎになった。

「石灰を積んだ銭屋の船が通ったあとは、死んだ魚が次々と浮かび上がったのをこの目で見た」

「銭屋が石灰を垂れ流しているからだ」

「河北潟の埋立てには漁民たちがこぞって反対していた。五兵衛はそれに腹を立てて、毒を流したに違いない」

噂が急速に広まっていくと、藩としても看過できなくなる。五兵衛は牢に拘留されてしまい、奉行から厳しい取り調べを受けることとなった。

「魚が大量に死んだのは、お主の仕業だという噂を聞いた」

「……さようの儀、一切覚えがございません」

「直接に実行しておらぬとしても、指図したのだろう。有り体に申さんか！」

五兵衛がいくら否定しても聞く耳を持ってもらえない。「お咎《とが》めに値する！」の一点張りである。

「いささかも身に覚えのないことにて……」

必死の釈明もむなしく、五兵衛は牢のなかで、身体に変調をきたす。牢で治療を受けたものの、小便の閉塞は悪化するばかりで、五兵衛を苦しめた。

五兵衛の家族への処分もまた厳しいものだった。金も土地も資産はすべて没収されて、妻や息子たちは親戚のもとへ身を寄せなければならなくなったのである。

「……喜太郎、許してくれ。おっとうがわしにしてくれたように、わしもお前に背中を見せたかった。村の役に立って、誰からも尊敬される、そんな姿を見せたかったたんじゃが、おぬしの言う通り、わしはみなに嫌われとったんじゃな……」

尋問から一カ月が経った嘉永５（１８５２）年11月21日、五兵衛は牢のなかで一人、意識が遠のいていくのを感じていた。

「おっとう、もうすぐそっちに行くよ。もう一回、海に出たかったなあ……」

父を理解していたからこそ、口出しせずにいられなかった

牢内で80年の生涯に幕を閉じた、銭屋五兵衛。

死後しばらくは、悪徳商人として名を残すこととなったが、明治以降は評価が一転し、海外との密貿易で活躍したロマンあふれる偉人として有名になる。

五兵衛が海外で貿易したというのは伝説に過ぎないが、「開国した今、もし五兵衛が生きていたならば……」という民衆の思いがそんな逸話《いつわ》を生んだようだ。

「みな、いい加減なことばかり言いやがって……」

父と同じく捕らえられた喜太郎は、追い出された屋敷を振り返って、そうつぶやいた。父の生真面目さは自分が一番よく知っている。だからこそ何度も衝突してきた。

「海が好きだったおっとうが、毒を流したりするわけねえじゃねえか！」

牢獄から出たのち、喜太郎は本龍寺に五兵衛の墓を建てた。

墓前で手を合わせていると、嫉妬にまみれた町人たちへの怒りに、不甲斐ない自分への後悔が入り混じる。喜太郎はあふれ出る涙を静かにぬぐった。

［第4章］

報われなかったけど理想の自分を追いかけ続けた生き方

自分はチャンスさえあれば、うまくできるはず…
せめてあの人にだけは認められたい…

厳しい境遇でも最後まで妥協せず、
自分の理想像に近づこうと
努力し続けた人たちがいました。

たとえ報われなくても
自分を信じてひたすら前進する生き方は、
後世を生きる私たちの心も奮い立たせてくれます。

父にだけはせめて、私をみてほしかった

栄光を手にし損ねた、鎌倉幕府滅亡の陰の立役者

鎌倉時代末期　皇子

護良親王《もりよししんのう》

（1308〜1335年）

鎌倉幕府の倒幕運動を展開し、南北朝時代を開いた後醍醐《ごだいご》天皇の皇子。嘉暦2（1327）年、20歳の若さで天台座主《ざす》（天台宗を統轄する延暦寺の住職）となる。異例の若さでその地位に立ったのは、父の倒幕計画の一環として、天台宗の勢力を味方につけるためであったといわれている。倒幕運動が本格化すると、それに応じて元弘2（1332）年に還俗。父の隠《お》岐《き》配流中に倒幕運動の中心として活躍した。

これまでのあらすじ

文永11（1274）年と弘安4（1281）年と二度にわたって、元軍が日本に来襲。鎌倉幕府は撃退に成功したが、御家人との「御恩と奉公」という主従関係には亀裂が入りつつあった。

なにしろ、来襲した元軍に勝利したところで、得られる領土も金銭もない。御家人たちは、命をかけて戦ったにもかかわらず、何の見返りも得られず、幕府への不信感を募らせていく。

とりわけ東国では寒冷による飢饉で食べていくことすら難しい。武家による武家のための政治は限界を迎えていた。そんななか、時代を変革すべく、一人のリーダーが誕生しようとしていた。

父と私で、この時代を変える――護良親王の野望

このままだと帝、いや、父の身が危ない――。

鎌倉幕府が父、後醍醐天皇を逮捕しようとしていると知った護良親王は、使いの者を走らせた。元弘元（１３３１）年８月のことである。

どうも後醍醐天皇による倒幕計画を幕府がかぎつけたらしい。情報元は比叡山なので間違いないだろう。

護良親王は15歳頃に比叡山延暦寺の末寺、梶井門跡《かじいもんぜき》に入室した。後醍醐天皇が息子を比叡山門下に送り込んだのは、ゆくゆくは天台宗の門徒たちに影響力を持つためだったともいわれている。

20歳にして、比叡山延暦寺のトップである天台座主に就いた護良親王。仏教の修行や勉強を行う代わりに、武芸の稽古《けいこ》に明け暮れた。倒幕に挑む父の背中を見れば、僧侶らしい日々など送っていられるわけもない。

そんな護良が、自身が誇る情報ネットワーク網によって、幕府の計画について、いち早く情報を得ることができた。

「自分が父を救わねば……」

そんな強い思いが、この局面を打開する策をひねり出す。

「帝にはすぐ吉野へ行ってもらう。あの地ならば、堅牢な城が築ける。そして影武者を用意して、比叡山に向かわせるのがよい。幕府をかく乱して時間稼ぎをするのだ」

影武者を本物の帝だと思わせるため、護良も一緒に比叡山に登った。

その作戦に引っかかった幕府は、六波羅探題《ろくはらたんだい》[1]を比叡山へと派遣する。護良は僧兵たちとともに交戦し、幕府軍を引き付けた。

「帝、ここは任せてくだされ！」

皇子の身でありながら、護良は軍勢を率いて幕府軍と戦った。一時期は六波羅探題を撃破するほどの勢いを見せ、その間に、後醍醐天皇を吉野へと逃がした。

だが、やはり多勢に無勢である。兵力に勝る幕府軍との攻防が激化するにつれて、厳しい戦況へと陥ってしまう。また、本物の後醍醐天皇の居場所にも気づかれた。

＊1 京都に設置された鎌倉幕府の出張機関、およびその長官。

護良は笠置《かさぎ》城に籠城する後醍醐天皇と合流するも、やがて落城。後醍醐天皇は隠岐《おき》へと流されることになる。それでも護良は諦めなかった。

「鎌倉幕府を倒して、新しい世を作る。それこそが、父と私の役目なのだ」

護良は畿内[*2]南部に潜伏。転々としながら、ゲリラ活動を展開する。

それもただ、むやみに攻撃を仕掛けていたわけではない。

戦いながらも、護良は「令旨《りょうじ》」を発給し続けた。令旨とは、親王や皇后が出す文書のこと。隠岐に流され身動きがとれない後醍醐天皇に代わって、護良は各地の武士に決起を呼びかけたのである。

「みなの者……今こそ、立ち上がってくれ！」

それは地道な活動には違いなかった。だが、少しずつではあるが、倒幕運動が広がっていく。やがて後醍醐天皇も隙を見て、隠岐を脱出し、本土に復帰を果たした。

「これだけ武士の不満が募るなか、もはや鎌倉幕府は限界のはず。流れは必ず変わる……必ずだ」

それはもはや執念とも呼ぶべきものだった。自分がこの時代を変える。いや、変え

＊2　朝廷のあった首都周辺の４あるいは５カ国の総称。５カ国の場合は、山城（京都府）、大和（奈良県）、河内（大阪府）、和泉（大阪府）、摂津（大阪府と兵庫県の一部）を指す。

ねばならないという思いだけが、苦境のなかで、護良の支えとなった。

しかし、思いだけで事態が動くほど、権力闘争は甘くない。

鎌倉幕府最大の実力者で前執権の、北条高時《たかとき》は後醍醐天皇にうんざりしていた。倒幕計画はこれが初めてではない。とにかく、しつこいのだ。

「手こずらせおってからに」

依然として、北条氏は全国の守護職[3]の半分近くを支配している。所領も膨大に持つ北条氏にとってみれば、後醍醐と護良親子の抵抗など、恐れるに足らない。

とどめを刺すように、鎌倉から大軍を上京させて、差し向かわせた。倒幕勢力はこれで一掃されるだろう。

反乱勢力は健闘したものの、倒幕はならず……。

誰がどう見ても、そんな結末以外は考えられなかった。だが、そんなときにこそ、歴史はダイナミックに転換する。

鎌倉の大軍の動きが何だかおかしい。北条高時がその違和感に気づいたときには、すでに遅かった。

＊3 治安維持や、武士統制のために国単位に設置された地方官。室町時代に入ると、有力守護家が幕府を動かすようになり、領主化して守護大名に発展していった。

「なんだ、何が起きてるんだ！」

一人の男が、幕府に反旗を翻《ひるがえ》した。

後醍醐天皇を打倒すべく、鎌倉から丹波国《たんばのくに》[4]へと押し寄せたはずの大軍は突然、京都に進路を変えて、六波羅探題を撃破。鎌倉幕府はあえなく滅亡させられることになる。

その歴史を変えたヒーローこそが、足利尊氏《あしかがたかうじ》である。

現れたヒーロー、奪われた功績

「将軍《しょうぐん》の宮《みや》」

六波羅探題が滅亡した直後に、護良は令旨で自らをそう称している。勝手に将軍を名乗ったのは、やや時期尚早だったかもしれないが、取り立てて問題はないだろう。

「幕府亡き今、自分が将軍として安定した世の中をつくっていかねばならない」

そんな意欲あふれる護良は、後醍醐天皇から征夷大将軍に任じられ、かつ、兵部卿《ひょうぶきょう》も兼ねた。幕府が滅亡したあとも、大和国《やまとのくに》信貴山《しぎさん》に籠城していた護良だったが、下山

＊4 現在の京都府中部、兵庫県東部にあたる。

して京に向かう。その軍勢の華やかさは、護良のこれからの栄華を表わしているかのようにも見えた。

堂々たる顔つきはこれからの政権を担う者の顔そのものである。しかし、唯一にして、最大の懸念が、尊氏の存在である。

尊氏は京都に奉行所を開いて、京の治安維持に取り組んでいるという。許しがたいことに、護良の部下は「京で強盗を働いた」と因縁をつけられて、尊氏に処刑されてしまった。

「一体、尊氏は何を勘違いしているのだろうか。京都の支配者気取りではないか」

それだけではない。尊氏は京都で、全国の武士から戦功を述べた書状を受け取っては、それに対して証判を加えていた。

尊氏の暴走に、護良は自ら討伐を申し出たが、帝はそれを許さず、代わりに征夷大将軍の任を自分に与えたのだった。

「どうも帝にもご遠慮がみられる。尊氏も倒幕に少し貢献したことは事実だが、そこに付け込んで好き勝手に行動するとは……。帝もさぞ、お困りに違いない。だからこそ、私を征夷大将軍に就かせたのだ」

尊氏との戦いは避けられないだろう――。護良は京に向かう馬上でそう決意し、手綱《たづな》を持つ手に力を込めた。

父、後醍醐天皇の真意は――

その頃、後醍醐天皇はといえば、二条富小路《にじょうとみのこうじ》の内裏《だいり》に復帰。護良の言う通り、確かに頭を悩ませていた。そうはいっても、尊氏のことではない。わが子、護良のことで、困り果てていたのである。

「尊氏を討つ、などと何をバカなことを……。尊氏が裏切ってくれたおかげで、わしの命は助かり、鎌倉幕府を滅亡させられたのだ。あやつは何か勘違いしておるのではないか」

後醍醐天皇とて、護良が武功を立てたことは、もちろん理解している。窮地《きゅうち》のなか、各地でよく粘ってくれたと思う。

さりとて、今回の倒幕での一番の功労者が、尊氏であることには変わりない。後醍醐天皇は帰京するとすぐに、尊氏に昇殿を許して、鎮守府将軍《ちんじゅふしょうぐん》に任命。さらに、正三位・参議にまで叙任させている。

また、足利尊氏はもともと「北条高時」から一字を得て「高氏」と名乗っていたが、後醍醐天皇が実名の「尊治」から「尊」の字を与えて、以降「足利尊氏」と名乗るようになった。

この男しかいない。後醍醐天皇が尊氏を厚遇すればするほど、我が子の護良は尊氏を目の敵にする。

「まるで大局観がない。あまりにうるさ

いので、護良には征夷大将軍に就かせたが……」

また、後醍醐天皇のもとには、こんな情報も入ってきていた。

「護良は謀反をたくらんで、皇位を奪おうとしている」

なかでも、盛んにそう吹き込んでくるのは、側室の阿野廉子《あのれんし》だ。おおかた、自分の子ではない護良を追い落としたいのだろう。裏では、尊氏とつながっているのかもしれない。両者の利害は一致しているといっていい。

老獪《ろうかい》な後醍醐天皇は、そんなデマを信じるほど、初心《うぶ》ではなかった。護良にそんな大それたことはできない。いや、むしろ、できないことのほうが問題だった。

仕方あるまい。何かを決意した表情になると、後醍醐天皇は護良のもとへ使いを出した。

たとえ、ふさわしくなくとも……

「ようやく帝も、尊氏の本性を知ったに違いない。やつは京を乗っ取り、自らの手で新しい世をつくろうとたくらんでいるのだ」

夕刻、御所の清涼殿《せいりょうでん》で開かれる詩会に招かれた護良は、父から新たな任務が下されるだろうと確信していた。その任務とは、尊氏討伐である。京で我が物顔にふるまう尊氏も、もはやこれまでだろう。

廊下を歩いていると、ふと庭にある桜の木々が目に入った。旧暦の10月は例年、初雪が降ってもおかしくない寒さとなる。

「秋冬芽か……。春になれば、満開の桜が咲くとは、今は想像もできんな。そうだ、今が我慢のときだ。私もお前もな」

そのとき突如、数人の男に取り囲まれる。不意をつかれた護良は、組み伏せられて、その頭上に響く声をただ聞いた。

「お縄をちょうだいせい」

縄……この私が……?

一体、自分の身に何が起きているのか。尊氏の引き金なのか？　だが、ここは内裏。やつが手を回したとでも？

次の一言を聞いてもなお、理解できなかった。

「帝の御意でござる！」

帝？　父が私を？　なぜ？　なにゆえ私が捕らえられなければならない！

「ち、父上、父上ー！」

護良の上げた声が、後醍醐天皇のもとへ届くことは最後までなかった。

その後、護良は尊氏の重臣に引き取られて、鎌倉へと流されている。土牢のなかで尊氏の弟、直義《ただよし》の監視下に置かれることになった。

「なぜだ、なぜ尊氏ばかりを……父上は……」

いや、本当はその答えにとうに気づいている。見ないようにしてきたが、尊氏こそが天下を取るのにふさわしい器だ。あの状況で、自分に頼り切っている鎌倉幕府を見限れるのだから。

自分にはとてもできない。父一人の歓心を買うことすら叶わず、必死になっている自分が、みなに期待されてもなお、時勢を読み、一人で違う方向に歩いていくことな

ど、できるはずもない。そのことは自分が一番よくわかっている。

だからこそ……だからこそだ。

父だけにはせめて我が子を見てほしかった。たとえ私には不相応だと感じたとしても、たとえ天賦《てんぷ》の才を持つ者がほかにいたとしても、自分と一緒にこれからの国をともに、と考えてほしかったのだ。

暗い土牢のなか、護良は、声を殺して泣いた。どこで道を誤ったのか、思い返したが、ついぞ答えは出ない。いつの間にか、その手が刻んだ文字を護良はただ眺めていた。

「武家よりも　君のうらましく　わたら

せ給う」

尊氏よりも天皇、あなたのことが恨めしい――。

私は、このまま終わってしまうのだろうか。

建武２（１３３５）年７月23日、直義に命じられた淵辺義博《ふちのべよしひろ》の刀によって、護良は無残にも処刑された。処刑前、のど元に突き刺そうとした淵辺の剣先を、護良は口にくわえて、歯で噛み切ったという。

ようやく取った首は、両目を見開き、歯には刀先をくわえたままの憤怒の表情を見せた。その恐ろしさから淵辺は、その首を竹藪へと投げ捨てたといわれている。

時代の英雄にならんとしたが、実の父に見限られた護良。28歳で非業の死を遂げることとなった。

人を活かす剣で、戦のない世を作りたい

現職中に殺された、心優しき剣豪将軍

室町時代　将軍

足利義輝《あしかがよしてる》

（1536〜1565年）

室町幕府第13代将軍。その治政の大半を、摂《せっ》津国《つのくに》（現・大阪府北西部と兵庫県南東部）の実権を握った武将・三好長慶《みよしながよし》との対立、そして和睦に費やした。鉄砲技術の導入に意欲を見せ、また伝説的な剣豪・塚原卜伝《ぼくでん》に自ら剣術を学んだと伝えられる。その剣の腕前から「剣豪将軍」とも呼ばれたという。将軍の権威がゆらいだ時代にあって、その回復に生涯執念を燃やした。

これまでのあらすじ

室町時代後期、将軍の権力が弱体化していくに連れて、有力守護大名たちが台頭。幕府の実権を握ろうとした、細川勝元《ほそかわかつもと》と山名持豊《やまなもちとよ》の対立が激化する。幕府を東西に二分する大乱となり、応仁元（1467）年には全面戦争へ発展した。

この西日本で起きた「応仁の乱」に先立って、享徳《きょうとく》3（1454）年には東日本で、上杉方と古河《こが》公方《くぼう》が抗争を繰り広げる「享徳の乱」が勃発。二つの大戦をきっかけに、室町時代から1世紀にもわたる戦国時代へと突入していく。

将軍の権威が地に落ちるなか、天文15（1546）年に11歳で第13代将軍に就いたのが、足利義輝だった。

逆境のなかで、将軍が抱いた志

日々、稽古で剣を交えるほど、剣豪の塚原卜伝《つかはらぼくでん》[1]は、その太刀筋《たちすじ》に非凡なセンスを感じずにはいられなかった。

「これほどまでとは……」

稽古の相手は、足利義輝。室町幕府の第13代征夷大将軍である。このとき、22歳の義輝は将軍の身でありながら、京を追われて、40人ほどの近臣とともに、近江国朽木《おうみのくにくつき》谷《だに》[2]へと逃れていた。

「少しは休憩をなされたほうがよいのでは」

卜伝がそう声をかけるが、義輝は息を切らしながら、かぶりを振る。

「いや、ずっと休憩しているようなものだ。続けてお願いしたい」

ずっと休憩か――。

確かに、さぞくすぶっているだろうと思ったからこそ、卜伝は義輝のもとを訪ねた

＊1　室町時代末期の剣豪。数多《あまた》の真剣勝負や合戦に臨み、生涯で一度も負傷しなかったという伝説を持つ。

＊2　現在の滋賀県高島市、安曇《あど》川本流の上流にある谷。

のだった。稽古に打ち込む義輝のまなざしは、どこか悲哀に満ちている。卜伝は若き将軍のこれまでの道のりに思いを馳《は》せた。

義輝は天文15（1546）年、わずか11歳で第13代将軍に就任。父の足利義晴《よしはる》から将軍職を世襲で引き継ぐかたちとなった。

その前日には元服の儀式が行われている。儀式で烏帽子親《えぼしおや》[3]を務めたのは、近江の有力大名、六角定頼《ろっかくさだより》である。

六角は「私なんぞがとんでもない」と何度か固辞したが、義輝の父、義晴が強く望み、断り切れなかった。烏帽子親になるということは、元服する者の将来を託されたことを意味する。義晴としては、我が子の将来を、有力大名に託したかった、いや、託すしかなかったのだろう。

この元服式すらも京都で開くことができなかった。細川家で内乱が起きていたためである。義晴と義輝の親子は、近江に逃れていた。

もはや将軍の権威は地に落ちていたといってもよいだろう。この頃には、将軍家は直轄領《ちょっかつ》も直轄軍も保持していないため、有力大名に頼るほかなかったのである。

＊3 中世の武家社会における風習で、男子が成人して元服するとき立てられる仮親。

義輝はそんな状態で将軍を任されてからというもの、ずっと有力大名に振り回され続けて、京に戻ったり、近江に逃れたりを繰り返すことになる。今、この地に逃れてきたのも、細川晴元《ほそかわはるもと》の重臣・三好長慶《みよしながよし》[4]が台頭し、義輝との対立を深めたからであった。

「これではまるで旅人だ。きちんと京で心を落ち着かせて、政《まつりごと》をしたい。ずっとそう思うておる」

ようやく縁側に座り、休憩をとった義輝は、そうこぼすと、改めて卜伝のほうをまっすぐ見て言った。

「この朽木谷まで訪ねてきてもらい、心からお礼を申し上げたい。まさか、こうして剣の指導を直接受けることができるとは……さきほどはずっと休憩だと申したが、これほど実りある人生の休憩をわしは知らない」

それは卜伝とて同じ思いであった。これまで多くの弟子を育て、70歳となった。3度目となる今回の廻国《かいこく》が、最後の修行になるだろうと考えていた。

「剣豪将軍」と呼ばれる義輝が、この地にいると聞いたときは、会いたい気持ちと会いたくない気持ちが胸中でせめぎあった。

＊4 戦国大名。細川晴元の執事として、和泉・河内・摂津を支配し、足利義輝を京都から追い出した。その後、主人である晴元を退けて権勢をふるったが、晩年は家臣の松永久秀《まつながひさひで》に実権を奪われた。

往々にして、前評判というものは、実物と対峙《たいじ》すると覆されるものである。剣に優れているといっても、殿様武芸に過ぎないのではないか。そんな思いが全くなかったかといえば、嘘になる。

だが、今こうして義輝と剣を交わしていくうちに、その剣の熟達ぶりもさることながら、悲しみを帯びながらも温かい人柄に、卜伝は心を惹かれつつあった。

「公方《くぼう》様は、どんな世をお作りになりたいのですか」

卜伝がそう尋ねると、義輝は迷わず「戦のない世を作りたい」と言い切って、遠くを見つめた。

「そのために、奥義を極めたいと思うておる」

「殺人剣ともいわれる、この一之太刀《ひとつのたち》を、ですか」

試すようなことをと、そう思いながら、義輝は人から聞いた話をした。

「おぬしはかつて琵琶湖《びわこ》で、若い剣士たちと船に乗り合わせて、決闘を挑まれたそうだな」

「……懐かしいですな。私が卜伝だとわかれば、みな自分の腕を試したくなるようで」

「敵意に満ちた相手に対して『船の中ではほかの人の迷惑になる』と言って、小島に船を寄せた。相手が島に飛び乗るのを確認して、おぬしは、そのまま小舟を漕《こ》いで島から離れていった……」

「あのときは、随分と罵倒《ばとう》されたものです」

そう言って刀をなでる卜伝に、義輝は続けた。

「これが無手勝流《むてかつりゅう》だ……おぬしは、そう言ったと伝えられておる。一之太刀が殺人剣だというならば、戦ったはず」

義輝は刀を掲げて、刀先の向こうを見つめている。

「この乱れたる世を治めることを思えば、むしろ、活人剣《かつじんけん》、人を活かす剣、であろう、一之太刀は」

そこまでわかっておられるとは……黙って聞いていた卜伝は思わず笑みをこぼす。

「続けましょう。一之太刀への道はまだまだ」

義輝は強くうなずき、腰を上げる。その日も遅くまで、剣のぶつかる音が木々の間から聞こえてきたという。

たどりついた、「戦わずして勝つ」境地

永禄元（1558）年、ちょうど卜伝に習い、一年が経った頃のことだ。

23歳の義輝は打倒三好《みよし》の兵を挙げる。

六角義賢《よしかた》や細川晴元も援軍に得ながら、義輝は5000の兵を率いて、勝軍山《しょうぐんやま》を守る三好勢を追い落とすことに成功。負けじと三好長慶は、家中の松永久秀、三好長逸《ながやす》らに兵を与えて、進撃を命じている。その数、1万5000の兵である。

兵の数では圧倒的に不利な状況のなか、義輝はどうするべきかを熟考した。思い出したのは、卜伝が去る時にかけてくれた言葉である。

「戦わずして勝つ。それこそが無敗の心得です」

義輝は、本願寺[5]の存在に思い至った。今回の戦で、本願寺が我らの味方となり、三好を討ってくれることはないだろう。ただし、三好の味方もしないはず。三好にとっては、背後をつかれたくないはずだ。

「三好軍としては、戦は長引かせたくはない。ならば……」

義輝は、三好軍の背後にあたる本願寺と同盟を結んだうえで、勝軍山での籠城戦を決意した。これまでとは違う義輝の戦いぶりに、三好も戸惑ったに違いない。粘る義輝勢に三好は音を上げて、和睦《わぼく》の道を選ばざるを得なかった。

そうして義輝は着実に、将軍としての力を取り戻していく。大名たちの間で、紛争が起きれば積極的にかかわり、その影響力を示した。

さらに、幕府を裏切って三好についた伊勢《いせ》貞孝《さだたか》を討伐するなど、将軍の権勢を取り返さんとしていた。

＊5　大坂にあった石山本願寺。地勢的に見て、三好勢の背後をつくことが可能な勢力だった。浄土真宗の寺で、現在の大阪城本丸の地にあったとされるが、異説もある。

「義輝様ならば将軍として、以前のように大名たちをまとめられるかもしれない……」

室町幕府を見限った大名たちの間にも、そんな雰囲気が漂い始めた。

一方の三好はといえば、長慶にとって唯一の男子である義興《よしおき》が壮年にもかかわらず病死。長慶自身も43歳で逝去してしまう。長慶の甥《おい》にあたり、養子として迎えられた十代半ばの義継《よしつぐ》が後を継ぐことになった。

「しかるべき官位を授けてほしい」

一門の惣領《そうりょう》になったばかりの義継は、上洛《じょうらく》を果たすと、将軍にそう願い出ている。明らかに権勢を失いつつある三好家。それを背負う若輩の義継が、なんとか地位を向上させようと考えたのだろう。

義輝は、そんな義継に対して、酒をふるまい、出仕をねぎらった。そのうえで、願いを聞きとどけて、「左京大夫《さきょうのだいぶ》*6」の官位を与えた。将軍の字から「義」の字を授けて、実名に使うことまで許している。

戦乱の世を何とか収めたい――。

そう強く願った義輝にしてみれば、敵対していた三好家をこうして受け入れること

*6 京都の司法・警察・民政などをつかさどった役所の長官。

は、ごく当然のことであった。政権の運営が安定してきたからこその余裕がさらに、義輝を本当の意味で強くさせた。

「一之太刀を身につけているからこそ、むしろ斬らずに済む」

バラバラになった大名たちが、義輝を中心にしてまとまっていく……かに見えた。

だが、余裕のある寛大な態度は、時に相手を追い詰めてしまうことを、義輝は知らなかった。もはやびくともしない義輝。このままでは、状況は完全に逆転してしまう……若き義継は焦燥を募らせた。

「我が三好の傀儡《かいらい》に過ぎなかった将軍がかように力をつけてくるとは……このままでは、次に将軍と対立したときには、もはや勝てる見込みはないかもしれない」

そんな悲観的な考えが、義継に一大決心をさせる。

義継は刀を持って立ち上がると、家臣たちに招集をかけた。

剣豪将軍が見せた、最後の舞

「これでようやく自分らしい政ができる」

義輝がそう気持ちを新たにしていた、まさにそのときのことである。

永禄8（1565）年5月19日午前8時頃、三好義継が率いる三好勢が突然、将軍御所になだれ込んできた。

「バカな……三好とは、ついぞこの間……」

謁見《えっけん》して話したばかりではないか、と言いかけて、二の句が継げなかった。己の甘さに絶句したのである。この乱世にそんな交流が、何の意味を持つというのか。

「公方様に訴えたいことがある」

そんな言葉を信じて疑わなかった自分を恥じた。相手は大軍らしい。防備は薄い。どうすればいい。考える暇もなく、三好兵は次々と侵入してくる。

「公方様、こちらへ！」

自分をかばいながら、近臣たちが三好軍に襲いかかり、一時期は押し返すほどだったが、1万の兵を前にしては、それも一時しのぎに過ぎなかった。

「……ここで最期か」

死を覚悟した義輝は、30人ほどの近臣たちを集めて言った。

「近こう寄れ。みなで酌み交わそう」

「公方様……」

将軍家の重臣であるはずの三好義継や松永久通《ひさみち》が襲ってくるという異常事態とは思えない、和やかな時間が過ぎる。

「僭越《せんえつ》ながら、私、舞いとう存じます」

一人の近臣が女物の小袖を使って、舞い始めると、みなが目を奪われた。

「……見事じゃ」

ふがいない。何が世を平らかにする、だ。最後まで自分のそばにいてくれた、この者たちすらも守れないというのに。

せめて今この瞬間、ともに命を燃やしたい。義輝が立ち上がり、剣を手に取る。み

なも、再び戦闘の姿勢に入った。

「今宵、最後の舞いといくか」

義輝は近臣たちを従えて、三好兵に向かって切り込んでいった。

「私の生涯、すべてをこの剣に……」

覚悟を決めた義輝の剣さばきを、誰もよけることができなかった。三好兵たちを斬って、斬って、斬りまくった義輝。近臣たちもそれに続く。たちまちにして、200人もの兵を倒した。

剣豪将軍、ここにあり――。

義輝はふいに立ち止まると、近くに剣を何本も立てた。そして、一本の剣が使えなくなると、次の剣を引き抜いて、剣を次々に変えながら、あたかも舞うがごとく、三好兵を次々に斬りつけていく。

「くっ……」

斬られるのを恐れて誰も近づけなくなった、そのときである。戸の陰から、義輝の足を斬りつけた者がいた。たまらず義輝が倒れると、三好兵たちがわっと集まり、上から障子をかぶせた。義輝の頭上で声が響く。

「かまわん、上から刺せ！」

最期まで戦い続けた剣豪将軍は、障子ごと槍《やり》で貫かれて、あえなく絶命することとなった。義輝はこんな辞世の句を残している。

「五月雨《さみだれ》は　露か涙か　不如帰《ホトトギス》　我が名をあげよ　雲の上まで」

この五月雨は露なのだろうか、それとも私の涙なのだろうか……。ホトトギスよ、雲の上まで我が名を広めておくれ――。

誰よりも平和な世の中を願った優しき剣豪将軍、義輝。その思いはむなしく閉ざされたが、「武家の棟梁《とうりょう》」としての誇り高き人生をまっとうした。

おれは必ず何かを成し遂げられる人間のはずだ

自分の運命を信じて走り続けた幻の官軍・赤報隊隊長

幕末　尊王攘夷《そんのうじょうい》派志士

相楽総三《さがらそうぞう》

（1839～1868年）

江戸・赤坂に生まれる。兵学と国学を修め、私塾を開いて門人の教育に当たったが、23歳のとき家を出て各地で同志を募り、志士活動にのめり込んだ。やがて、西郷隆盛《さいごうたかもり》の命を受けた相楽は、江戸周辺で騒ぎを起こして幕府を挑発し、薩摩藩邸焼打ち事件を誘発する。これにより薩摩藩は、幕府を攻撃する口実を手にした。その功から、再び西郷の指令を受け、新政府軍先鋒隊である「赤報隊」結成に加わり、その一番隊隊長となる。

これまでのあらすじ

倒幕運動の機運が高まるなか、第15代将軍の徳川慶喜《とくがわよしのぶ》は、慶応3（1867）年10月14日に「大政奉還」を行い、朝廷に政権を返上。260年以上続いた江戸幕府に終止符を打った。

慶喜の大胆な行動に頭を抱えたのは、ほかならぬ倒幕派である。政権を返上されてしまっては、徳川家を武力で倒す理由はもはやない。朝廷がいきなり政権を運営できるわけもなく、徳川家が実権を握ったまま。大政奉還は慶喜が放った起死回生の一策であった。

徳川家を倒すためには、挑発して戦争に持ち込むしかない――。薩摩藩と西郷隆盛と大久保《おおくぼ》利通《としみち》は打倒徳川のための計画を練り始めた。

幼いころから優秀だった総三

ふと部屋を覗くと、息子の四郎は、隅で黙々と古書や兵学の本を読んでいた。小島《こじま》兵馬《ひょうま》は思わず妻のやすに漏らした。

「これで落ち着いてくれればいいが……」

やすが「全くあなたが甘やかすからじゃありませんか」とにらんでくる。五千両を四郎に援助したことをまだ怒っているのだ。大金を手にした四郎は各地を転々としながら、攘夷活動[1]へと身を投じていたらしい。それがふっとまた家に帰って来たのだ。

「まあ、そういうなよ。若い頃、男は誰でも大きな夢をみるもんだ」

幼い頃から学問にも武術にも秀でた四郎のことを、兵馬は誇りに思っていた。20歳の頃には、国学と兵学の講義を行い、１００人を超える人が詰めかけている。

自分の息子はどこか、人とは違うのではないか。口にはしなかったが、そんなふうに思っていたときに、ふいに私塾を閉じて、旅に出たいと言い出した。

＊1　攘夷とは、外敵を打ち払って国内に入れないこと。特に幕末においては、天皇を尊び政治の中心に据えようとする尊王論と組み合わさって、尊王攘夷論が盛んになった。

「激動の幕末の世を広く見てみたいんだ」

思い詰めた表情で語る息子を止めることができなかったことを、今でも時々悔やんでいる。家を出た四郎が何をしでかそうとしていたのか。ちゃんと聞いたことはないが、こうして帰ってきてくれたのだから、もはやいうことはない。急いで縁談を進めたのは、自分の家につなぎ止めたいがためである。

「あいつも所帯持ちになったんだから、これで子でも生まれれば落ち着くさ」

妻のやすは「そうかしら」と浮かない顔をしていたが、翌年に子どもが生まれると、少し安心したらしい。子どもは、河次郎と名づけられた。

家庭が定まれば、次は仕事である。兵馬が幕臣の酒井錦之助《さかいきんのすけ》に働きかけたところ、三百石で召し抱えてくれる大名がいるというではないか。

「どうだ、悪い話ではないだろう」

すぐさま兵馬は、息子の四郎に持ちかけた。これで小島家も安泰だ。

兵馬がそんなふうに考えていると、やすが血相を変えて目の前に現れた。

「あんた！　四郎がどこにもいないのよ！」

部屋は、すでにもぬけの殻《から》。古書とともに、息子はまたもや風のように、消えてしまったのだった。

根拠のない自信

どうにも耐えきれなかった。ささやかな幸せで人生を包もうとしたが、沸き立つ血がどうしてもそうさせてはくれなかったのである。

「おっとう、おっかあ、すまねえ。このままじゃ、日《ひ》の本《もと》は夷狄《いてき》*2にやられて、だめになっちまう。今、行動を起こさないといけないんだ」

相楽総三――。もう四郎ではない。家を出てからというもの、そんな変名を使い、京の地で志士として活動していた。

総三は、尊王攘夷の考え方を展開させて、日本を中華の国と位置づける「華夷弁《かいべん》」という論文を書き上げる。それを同志たちに配っているうちに、長州藩主、毛利敬親《もうりたかちか》の目に留まり、その名を馳せた。

＊2 周辺の民族や外国人を、卑しめて言う言葉。

だが、やがて京での尊王攘夷の活動は、逆風にさらされることとなる。

尊皇攘夷派浪士の一団である天誅組は幕府軍に討伐された。そして、長州藩と幕府勢力が京都御所で激突した「禁門の変」では、長州藩が敗北。物価が高騰するなか、京での暮らしは厳しさを増す一方だった。

「こんなところじゃ、終われねえ……」

総三は恥を忍んで、父に手紙を出して、借金を依頼している。先行きは真っ暗だった。それでも、総三のなかで、心の火が消えることはなかった。

「妻も子も捨て京まで来たからには、お国のためにこの命を使いたい。チャンスさえもらえれば、おれは必ず何かを成し遂げられる人間のはずだ。どこかに我を生かす道が必ず……」

「根拠のない自信」と言われればそれまでだが、根拠があれば、自信を持てるのは当たり前のことだ。自身で稼いだ金もなければ、地位もない。それでもなお、革命への衝動は、依然として総三の心をとらえて離さなかったのだった。

実のところ、人生は諦めさえしなければ、案外に道は開ける。おそらく総三はそのことを本能的に知っていた。だからこそ、あてのない活動を続けられたのだろう。

京での活動はふるわないままに、総三は江戸に出発。活動拠点を移すこととなった。

思い描いていた理想の自分……赤報隊で描いた夢

「お主が総三か。噂は聞いておる。力を貸してほしい」

夢ではない。今、総三の目の前にいるのは、倒幕勢力の中心的人物、薩摩藩の西郷隆盛と大久保利通、そして、公家の岩倉具視《いわくらともみ》だ。しかも、話し合われている計画の中心にいるのは、総三である。

「手段は問わない。江戸の町で暴れまわってほしい」

「幕府を挑発して攻撃させると……」

綿密に打ち合わせをしながらも、頭の片隅でどこが転機だったのかと、総三は思い返していた。なにしろ、人生が打開される瞬間はいつもあいまいだ。

薩摩藩出身の同志と巡り合ったことか、それとも、薩摩藩の益満休之助《ますみつきゅうのすけ》と出会っ

たことか。いや、薩摩藩邸に500人もの同志を集めたことかもしれない。

今となってはわからないが、運命が転がり出したら、突っ走るだけ。これまでもそうだったし、これからもそうだ。

「計画はすべて承知つかまつった。抜かりなく実行してみせます」

総三は薩摩浪士隊を引き連れて江戸の町で、辻斬り、強盗、放火を繰り返した。ただし、ターゲットは無差別ではない。幕府御用達の商人、浪士を取り締まる庄内藩、そして横浜の貿易商人などに限り、天誅を加えるべく大暴れしたのである。

明らかに、薩摩浪士の仕業だとわかる

事件が続くと、ついに薩摩藩邸が焼き討ちされることになる。浪士を取り締まっていた庄内藩の我慢も限界を迎えた。挑発行為だと知りながらも、売られた喧嘩《けんか》を買わないわけにはいかなかった。

作戦は成功である。これで薩摩に幕府を討つ口実ができた。

「みんな、戦わなくていい！　すぐに脱出せよ！」

西郷の指示通りに、焼け落ちた薩摩藩邸から、総三は浪士たちを引き連れて脱出。幕府との最後の戦い、鳥羽・伏見の戦いで新政府軍が勝利を重ねるなか、総三は京都入りし、薩摩藩の本陣である東寺を訪ねて、西郷と対面を果たした。

「これだけ戦争を早めて、徳川家滅亡への端《たん》を開いたのは、あなたの力だ。感謝する」

西郷の大きな瞳を見て、総三は自分の命が与えられた意味が、今この瞬間にあると感じ入った。

さらなる任務も与えられた。なんでも公家の綾小路俊実《あやのこうじとしざね》、滋野井公寿《しげのいきんひさ》らを擁《よう》しながら、官軍の先方隊も務めてほしいという。隊の名前は「赤報隊」。名前は「赤心《せきしん》を持って国恩に報いる」に由来している。

「新たな任務もよろしく頼みもうす」

「承知つかまつりました！」

これほど名誉なことはない。これで家族にも顔向けできると、総三は久しぶりに、家族のことを思い返した。

しかし、感傷に浸っている暇はない。総三には、一つ気がかりなことがあった。最後の将軍となった徳川慶喜の動きである。鳥羽・伏見の戦いは、慶喜が大坂城から江戸へ逃げ帰ったことで、決着がついた。だが、臣下たちを残して、総大将が戦地を放り出すことなど、考えられないことだ。何か裏があるに違いない。

「慶喜は逃げ帰ったと見せかけて、必ず関東で決起するはずだ。関東の民衆をこちらの味方につけなければならない。それには、幕領の租税を軽くすることが一番だ」

これまで草莽《そうもう》の志士[3]として、江戸を駆け回ってきた総三だけに、民衆が何に苦しみ、どんな政治を望んでいるのかは手にとるようにわかった。

赤報隊の隊長という新たな任務をまっとうするためには、これからの政治を自分がけん引しなければならない――。

＊3「草むらの中から生まれた志士」という意味で、倒幕運動に参加した主に地方の志士たちを、こう呼んだ。

総三は早速、自分の考えを建白書にしたためると、京へと走り出した。西郷と大久保からの命とはいえ、綾小路俊実、滋野井公寿らを脱走させ、官軍の先発を務めるのだから、正式に官軍として朝廷に認めてもらおうとしたのである。

京に着くと、太政官《だじょうかん》宛に嘆願書と「幕府領の年貢の軽減」を訴える建白書を提出した。そう簡単にはいくまいとも思ったが、驚くべきことにその建白は受け入れられて、旧幕領に限って「年貢を半減する」という布告が出された。もちろん、朝廷の独断ではないだろうから、新政府もまた「年貢半減令」を認めたのだろう。

「朝廷より官軍の印の品を授けることにしよう。その際に正式に命じるので、それまで、兵を蓄えて機会を待つように」

そんな沙汰まで受けることになった総三。

転がり出したら、あとは突っ走るだけ。総三はあちこちに、高札を立てて、年貢半減令をみなに伝えて回った。

同志も加わり、総三らの一番隊はふくれあがるばかり。民衆に喜ばれて迎え入れられるなか、明治新政府による「御一新」への期待を、総三は一身に背負って躍動した。

それは長く自分が描いてきた、民を率いる理想のリーダーの姿、そのものだった。

泡のように消えた、夢のような時間

「まずいぞ、あれは」

大久保が会うなり、静かにそう口火を切ると、西郷もすべてを承知した表情でうなずいた。赤報隊のことである。

「京での赤報隊の評判がすこぶる悪い。年貢半減令も取り消すように言ったが、相変わらず、あちこちで触れ回っているようだ」

西郷は目をつぶり、腕組みをして考え込んだ。任務は過不足なく遂行しなければ、意味をなさない。赤報隊は十分なほど任務を果たした。だが、明らかにやりすぎであった。

「年貢については、事情が変わり、三井や鴻池《こうのいけ》といった豪商に一任することになった。そうでなければ、財政がもたない」

大久保は、冷静に現状を西郷に告げ、なおも畳みかける。

「今は大事な時期だ。このまま放っておくと、約束が守れずに大反乱が起きてしまう」

「わかっちょる。そうなったら、新政府は終わりでごわす」

赤報隊は確かにここまでよくやってくれた。だが、新政府もろとも倒れてしまえば、すべては水の泡になってしまう。

事態を受けて、赤報隊には「京に帰還すべし」と命じているが、応じるつもりはないらしい。もう、これ以上、時間の猶予《ゆうよ》はなかった。

西郷が閉じていた目を開いて、ぬっと立ち上がる。それを見て、大久保は西郷が腹を決めたことを悟り、その場を立ち去った。

軍議があるから出頭するように——。総督府の使者からそう伝えられたとき、総三はようやく自分の主張が聞き入れられると安堵《あんど》した。

官軍の印の品はいまだに授けられず、おまけに京に戻れなどという。年貢半減令も、今さら取り消せるわけがない。すでに新しい世は始まっているのだ。

何か誤解があるらしいが、行動で示せばわかってくれるはず。いつだって、総三はそうして事態を動かしてきた。

そんななか、本陣に到着した途端に伏兵たちに襲撃される。連れ立っていた剣客の大木四郎は刀を抜いて応戦しようとするが、総三が制した。

「よい。きちんと説明すればわかるはずだ」

捕らえられてもなお、総三は信じていた。これまでの自分の貢献を考えれば、当然である。弁明さえさせてもらえれば、かえって感心されるはずとさえ考えた。

しかし、その機会が訪れることはなかった。

出頭命令に応じた総三をはじめとした赤報隊幹部は、容赦なく捕らえられて、二日二晩にわたって寒気のなか、食事も与えられないまま、縛りつけられた。

そして、処刑所へ連行され、弁明も許されぬまま、首を斬られていったのである。

「待ってくれ！　処刑理由を教えてくれ！」

「なぜ、おれたちが捕らえられてこんな目に遭うんだ！」

あちこちから上がった絶叫の声もやがて絶え果てた。集まった聴衆たちは、ただ刀が振り下ろされる音を聞いた。

やがて総三の番がやってきた。

違う。自分は何も間違ったことはしていない……。

言葉は浮かぶが、声は枯れていた。西郷もいない、大久保もいない。話す必要さえないとみなされたのだ。なぜなら、結論は決まっているからだ。全員死刑、である。

「おれは必ず何かを成し遂げられる……はずだ……」

総三の首に刀が振り下ろされる。30年という生涯の幕が閉じた。

自分だけ傷つかずに済むように、わしを担いだのだ

大化の改新の矢面《やおもて》に立たされた傀儡《かいらい》の天皇

飛鳥時代　天皇

孝徳天皇《こうとくてんのう》

（596～654年）

第36代天皇（在位645～654年）。即位の翌年、「改新の詔《みことのり》」を発し、甥にあたる中大兄皇子《なかのおおえのおうじ》を実権者として改新政治を進めた（改新の詔は、後世に述作された可能性も指摘されている）。改新の詔では、班田収授、租・庸・調の制などを定め、また都を飛鳥から摂津の難波長柄《ながら》豊碕宮《とよさきのみや》に移した。この宮は中国の古都・長安を模した日本で最初の都城といわれている。

これまでのあらすじ

崇峻《すしゅん》5（592）年、女帝・推古《すいこ》天皇が即位すると、甥《おい》の厩戸王《うまやどのおう》（聖徳太子）が摂政となり、蘇我馬子と共同で政治を行っていく。飛鳥時代の始まりである。

しかし、厩戸王の死後、蘇我氏が台頭。蘇我《そがの》馬子《うまこ》の息子にあたる蘇我蝦夷《えみし》、さらに、その息子にあたる蘇我入鹿《いるか》が実権を掌握して、専制的な政治を行った。

そんな蘇我氏に立ち向かったのが、中大兄皇子と、後の藤原鎌足《かまたり》こと中臣鎌足である。「乙巳《いっし》の変」で蘇我父子を滅亡させると、中大兄皇子の叔父にあたる孝徳天皇が即位。「大化の改新」によって、新しい世が始まろうとしていた。

天皇に即位して、変わってしまった父

二年ぶりに父と再会したにもかかわらず、よそよそしい態度に、有間皇子《ありまのみこ》は違和感を隠せなかった。

父は今や天皇の地位にある。齢《よわい》50にしての大任だ。これまでとは状況が変わったことくらいは、６歳の有間皇子にも理解できる。

だがこの二年間、父は、有間皇子が生まれた阿倍野《あべの》[1]にはまるで顔を出さず、母の死にすらも立ち会わなかった。そのことに対する言葉が何もないのはどういうことか。

そして、なにより気に食わないのが、父の横にいる女性だ。

「そなたの母上だ。よく仕えてほしい」

何が母上だ。有間皇子は反発を覚えたが、向こうも息子として扱う気などさらさらないらしい。間人《はしひとの》皇后というその女性の冷たい視線がそのことを物語っていた。

「（こんなことなら、天皇になんぞおなりにならなくてよかったのに）」

＊1 現在の大阪市南部。

父が即位して以来、飛鳥板蓋宮《あすかいたぶきのみや》[*2]に住むようになった有間皇子は、そんな思いに駆られた。今や「孝徳天皇」となった父は、かつて軽皇子《かるのみこ》といった。その頃は、阿倍野からやや離れた茅渟《ちぬ》に住んでおり、馬で、家族に会いに駆けつけてくれたものだった。

自分が父にとても可愛がられたことは幼心なりに覚えている。大きい手で抱き上げられると、言葉にしがたい安心感に身体が包まれた。母の嬉しそうな笑顔もともに思いだされて、有間皇子の目には涙がにじんだ。

大化の改新の真実

時が経って14歳になった今でも、間人皇后にはまるでなじめなかった。父は皇后に夢中だと宮中で噂が広まっている。確かに、有間皇子から見ても、父が熱心に追いかけるばかりで、間人皇后のほうは、父に冷淡にさえ思えた。

なんでも二人を結び付けたのは、孝徳天皇の甥にあたる、中大兄皇子《なかのおおえのおうじ》らしい。中大兄皇子は自分の妹にあたる、間人皇后を父に紹介したのだった。

＊2 現在の奈良県高市郡明日香《あすか》村岡にあったとされる、皇極・斉明天皇の皇居。大化の改新の発端となった蘇我入鹿暗殺はこの宮で行われた。

「食事一つもまともにとれないとは。息子として恥ずかしい」

夕食になれば、父からそんな叱責を受けることが増えた。間人皇后は、何も言わない。ただ黙々と食事をしながら、時折、氷のような目でこちらを見るだけだ。

有間皇子は、父の態度に腹を立てるのではなく、むしろ心配で仕方なかった。天皇に即位してからというもの、ふさぎ込んでいるような暗い表情が増えたからだ。

大化の改新――。そう呼ばれた改革は大胆なものだった。豪族の私地や私民はすべて廃止。民には労役や税を課すという厳しいもので、父はあちこちで反感を買っているようだった。その裏で動いているのは、中大兄皇子だという。

中大兄皇子とは、一体、何者なのか。左大臣になった祖父にも話を聞きながら、有間皇子は少しずつ状況をつかみ始めた。中大兄皇子は６４５年に、後の藤原鎌足《ふじわらのかまたり》こと中臣《なかとみの》鎌足とともに、「乙巳の変」と呼ばれるクーデターを起こして成功。蘇我入鹿を暗殺し、蘇我蝦夷を自害させたのだという。

「いっそう、中大兄皇子に皇位を譲ってはどうですか」

ある日、父の心労を見かねた有間皇子は夕食後、父が一人になったタイミングを見計らって、そんな思いをぶつけた。父は姉の皇極《こうぎょく》天皇から皇位の座を譲渡されている。その座を、甥の中大兄皇子に譲ってもいいはずだ。

父は一瞬、驚いた顔をしたが、静かに口を開いた。

「もう譲っているも同然じゃないか。何もかも、言いなりなのだから」

初めて、父の本当の顔を見たような気がした。

「父上を矢面に立たせているだけじゃないですか」

「わかっておる！　そんなことは……」父は大声で泣くかのように叫んだ。

「ならば、なぜ……」

父がぽつりぽつりと話し始めた。姉の皇極天皇から天皇即位の打診を受けたときに

「私よりも中大兄皇子が適任だろう」と辞退したが、中大兄皇子は「クーデターを起こした自分が天皇になることは、世間が認めませんから」と固辞。ならばと、自分が天皇に即位することを決めたが、実権は中大兄皇子に握られているのだという。

「今なら、あの男の魂胆がわかる。自分は傷つかずに、大胆な改革を行うために、わしを担いだのだ」

「どうして、きちんと自分の意見をおっしゃらないのですか」

有間皇子がそう問いかけたとき、父の顔色がさっと変わった。「来た」とつぶやいたかと思えば、中大兄皇子が扉を開けて現れたのだ。

「おや、親子水入らずのところ、お邪魔でしたかな」

有間皇子がぐっと拳を握る。さわやかな青年を気取りながら、その胸には政略が渦巻いていることを知った今、平静を保つのが精いっぱいであった。

「……私はここで」

有間皇子が立ち去ると、背中で父が絶句するのを聞いた。

思わず閉めた扉に耳をあてる。なんでも中大兄皇子は都を飛鳥《あすか》に移そうとしているらしい。戸惑う父の声が漏れ聞こえてくる。

「都は私が即位したときに、ここ難波の長柄豊碕宮《ながらとよさきのみや》に定めたばかりではないか。それから4年も経たずに、再び遷都をするなど……」

民の負担を考えても、ありえない計画だと、有間皇子もすぐに思った。

それでも中大兄皇子は「飛鳥の豪族が力をつけており、兵を挙げるおそれがあります」と危機感をあおるが、都を移す理由にはならない。父がはっきりとこう答えるのを、有間皇子は耳にした。

「断る。わしはここに残る」

父上……よくぞ、おっしゃいました。

有間皇子は心の中でそういうと、静かにその場から立ち去った。このとき、有間皇子はまだ知らなかったのである。中大兄皇子の恐ろしさを……。

中大兄皇子の策略――誰もいなくなった都

一カ月の月日が経ったときのある日、有間皇子は我が目を疑った。

難波の都から人という人がいなくなってしまったのである。役人も誰もおらず、閑散とするなか、有間皇子が内裏にかけつけると、そこにはへたりこんで、顔を青くした父の姿があった。

「誰も、誰もおらん……。一体、どうして……」

信じがたいことが、父の身に起きていた。臣下たちはおろか子ども、そして、皇后までもが、中大兄皇子に連れていかれてしまったのである。

「これは一体……」

有間皇子が絶句していると、父がその手を握った。

「……わしが……わしが間違えておった。そなたや家族を捨てて、天皇に即位したが、何もいいことはない」

「父上……」

「天皇の座に……そして、若き皇后に目がくらんでしまった、おのれの罰だ。まさか50歳でチャンスが巡ってくるとは思いもしなかった。だが、私はただのコマだった」

父は大粒の涙をこぼしながら、握る手の力を強くした。

「お前につらくあたったのも、あやつに警戒されないためだった、許してくれ……。いいか、政治からは遠ざかるんだ。近づくと、私と同じようになる。すまぬ……」

「父上、もう大丈夫ですから。よくお休みになってください」

「私は見たんだ、あいつは私の皇后と……実の妹でありながら……」

そのまま、孝徳天皇は失意の中、病に伏せて59歳で崩御。皇極天皇が再び飛鳥板蓋宮で斉明天皇として即位することとなった。

有間皇子は、どうなったか。政治から距離を置くために心の病を装うが、謀反の計画を立てたとして、中大兄皇子に尋問され、19歳で処刑されている。

それから時が経ち、668年、中大兄皇子はようやく天皇として即位する。巧みに政敵を排除しながら、21歳から政権の中枢で実権を握り続けた男は「天智《てんじ》天皇」として、日本の近代化を推し進めることとなった。

［第5章］

大事なものを
失ったけど
役割をまっとうした生き方

自分の大切なものを犠牲にしてでも
これだけは絶対に守り抜きたい…

戦が頻《ひん》発《ぱつ》し、医療が発達していなかった時代には
「命に代えても守りたいもの」を
多くの人が意識しながら生きていたのかもしれません。

自分の大切なものと引き換えにしてでも
守りたいものはあるか、
考えてみたくなる人生を紹介します。

神に誓って、私は自分の役割をまっとうする

絶望のなかをしなやかに生きたクリスチャン

安土・桃山時代　明智光秀《あけちみつひで》の娘

細川《ほそかわ》ガラシャ

（1563〜1600年）

本名、細川玉《たま》。戦国武将・細川忠興《ただおき》の妻で、明智光秀の娘。天正10（1582）年、本能寺の変に際し、反逆者の娘として京都の山深くに幽閉される。やがて細川邸に戻ったのち、キリスト教に出合う。密かに教会を訪れるなどして教理を学び、ガラシャの名で洗礼を受けた。その後も邸内で信仰を深めるが、慶長5（1600）年、関ヶ原の戦いが起こると、徳川方についた夫の不在中、ガラシャは石田三成《いしだみつなり》により人質として取り囲まれてしまう。

これまでのあらすじ

尾張の織田信長《おだのぶなが》は、群雄割拠の戦国時代において天下統一を目指した。

永禄3（1560）年、桶狭間の戦いで今川義元《いまがわよしもと》を撃破。元亀元（1570）年の姉川の戦いでは、浅井長政《あざいながまさ》と朝倉義景《あさくらよしかげ》の連合軍を破り、その翌年、両者を支援した比叡山延暦寺を焼き討ちにしている。

そんな信長のもとで出世した家臣といえば、豊臣秀吉《とよとみひでよし》が広く知られている。だが、一番の出世頭はほかにいた。家中で最初の城持ち大名となった明智光秀である。

天正元（1573）年の一乗谷《いちじょうだに》の攻略や丹波《たんば》攻略にも力を尽くした光秀。信長からの揺るぎない信頼を獲得していた。

幸福な記憶

天正９（１５８１）年２月28日、「京都馬揃え」が開催された。織田信長による軍事パレードである。

馬揃えのルートは、本能寺から室町通りを北上し、一条通りを曲がって入った内裏の馬場へと到着する。内裏の東側には、天皇や公家が観覧する仮御殿も建てられた。

華麗な軍装をまとった騎馬武者たちが練り歩く。信長とその一門、家臣の武将たちに、お供の兵も加えて、６万人以上が行進に参加した。

「なんて豪華な……」

思わずそう漏らしたのは、観覧席で観ていた玉である。パレードの見物には、武将の家族や町の人々も訪れた。玉は姉妹とともに、父が用意してくれた席で、きらびやかな行進に目を奪われていた。

一番手の丹羽長秀《にわながひで》、二番手の蜂屋頼隆《はちやよりたか》に次いで、早くも三番手として現れたのが、明智光秀である。

「父上が来たわ！」

玉がそう声を上げると、ほかの三姉妹、倫、菊、鈴も目を輝かせた。特に倫は夫の秀満《ひでみつ》、菊は夫の光忠《みつただ》が、光秀の隊にいたため、少し照れたような笑みを浮かべた。

光秀の表情には、この大イベントの準備をやり切ったという自信がみなぎっているかのようだった。

「父上、ここまでの努力が報われましたね」

玉は感慨深い思いに駆られながら、我が夫が現れるのを心待ちにした。玉の夫は細川忠興。その父は細川藤孝《ふじたか》で、光秀と同じく信長がその能力を高く評価する家臣だった。信長は、光秀と藤孝という優秀な家臣の家族同士を結婚させることで、織田軍団をさらに強化しようと考えていたのだろう。

5番目にこのイベントの主役である信長が嫡男の信忠《のぶただ》とともに現れると、その壮麗さに観覧席にどよめきが走った。そして、信長の隊にいたのが、鈴の夫である信澄《のぶすみ》[1]と、玉の夫、忠興である。

＊1 津田信澄。織田信長の甥にあたる。

「忠興様……！」

忠興の堂々たる風格を目の当たりにして、玉の胸に誇らしい気持ちが沸き上がってきた。

つくづく人生はわからないものだ、と、玉はパレードを観ながら、しみじみと考えていた。

玉が最愛の母を亡くしたのは、忠興との縁組みが決まったすぐあとのことだった。いつも仲の良い両親を見ていた玉。憧れの夫婦とは、二人のようなことだといつも密かに思っていた。

それだけに母を失ったときのショックは計り知れないものだったが、玉を心配させたのは、元気のない父の姿だ。父の寂しさを思えば、いつまでも下を向いてはいられない。

そう自分を奮い立たせていると、不思議なことに人生は好転し始めた。玉はこのパレードの二年前には、忠興との間に男の子を産んでいる。名は忠隆という。

ちょうどその頃、丹波・丹後を平定した褒美として、信長から光秀に丹波一国を、藤孝と忠興に丹後一国を与えられたばかりだった。玉からすれば、父と夫がともに出世を果たしたことになる。

それだけに玉の出産は、12万石の大名となった細川家に、さらに大きな喜びをもたらすことになった。このパレードもまるで、自分の幸福を祝福してくれているかのように思えてくるほどだ。玉は、まさに幸福のまっただなかにいたのである。

「父上もすっかり元気になって、これからきっとまた新しい人生が始まるはずだわ」

しかし、その翌年に、すべての状況は一変することになる。

突如、「裏切り者の娘」に――

天正10（1582）年6月2日、明智光秀が突如、主君を裏切って、本能寺にいる織田信長を討った。「本能寺の変」である。

「まさか、父上が信長様を……！」

玉は細川家の居城である宮津城で、父が謀反を起こしたという知らせを聞いたが、しばらくは受け入れられずにいた。

一体、何が起きているのか。到底、わかるはずもないが、安住の地が足元から崩れ去る不安はすぐに襲ってきた。玉は「裏切り者の娘」になったのだ。

今、頼れるのは、ただ一人、夫の忠興だけ。行く末の不安をかき消すかのように、まだ二歳の忠隆《ただたか》をぎゅっと抱き締めて、つぶやいた。

「大丈夫、忠興様はきっと私を見捨てはしないはず……」

細川家と明智家はこれまでともに手を取り、戦乱の世を渡ってきた。どんな事態になろうとも、その結びつきは揺るぎないと玉は信じて疑わなかったのである。

ところが、目の前に現れた忠興が放った言葉は、玉のそんな希望を無残に打ち砕くものだった。

「そなたには今すぐ、味土野《みどの》[2]の別宅に行ってもらう。時間がない。準備せよ」

「……私を離縁するということですか」

玉がすがるような目で訴えると、忠興は背を向けて、無言でその場を立ち去った。それがすべての答えだった。

「これが現実に起きていることとは……」

まるで罪人のように粗末な籠に乗せられた玉。待女二人を連れて、人気のほとんどない山深い味土野へと幽閉されることとなったのである。

「子どもたちに会いたい」

毎夜、月を見上げる玉。ある日、さらにどん底に叩き落とす知らせが届いた。

「坂本城[3]が落城……姉も弟たちもみんな炎のなかで自害……」

＊2 現在の京都府京丹後市弥栄町須川。深い山中である。
＊3 明智光秀の居城。安土城に続く絢爛さだったといわれる。

すでに父は討たれている。玉は、まさにすべてを失ったことになる。ただ一人行方知れずの妹の鈴をのぞけば、みないなくなってしまった。

「鈴だけは、どうか、鈴だけは……」

よほど自分も死んでしまおうかと何度も思ったが、玉は思いとどまった。二人目の子を宿していたからだ。私が細川家を守る。夫から離縁されてもなお、玉はそんな意志を固めつつあった。忠興が現れないのも、きっと何かの理由があるはず――。

鬼へと変わっていた、最愛の夫

そうして幽閉生活も二年が経ったころ、玉は宮津へと帰還が許される。ついに忠興が現れた。

忠興は玉に会うと、しっかりと抱きしめた。忠興は玉と復縁する許しを得るため、二年の間必死に秀吉に仕えていたのだ。一度、離縁したのも、明智家とのつながりがもはやないことを、秀吉に示すためであった。

「玉、会いたかった。離縁はそなたを守るためだった。ようやく太閤秀吉殿がお許しになられたのだ……」

秀吉……父を討った男に私の命運は握られていたのか……そんな悔しさがなかったかといえば嘘になるが、安堵がそれに勝った。なにしろ、二年間、山に籠《こも》って、ひたすら将来を悲観する時間を過ごしたのだ。

忠興様を信じてよかった……また、ここから、夫と子どもたちと人生を始めよう。玉は忠興の胸で涙に暮れながら、何とか前を向こうとしていた。

しかし、夫の忠興の様子がおかしいと気づくのに、そう時間はかからなかった。いつも見張られているような気配を感じながら、日々を過ごしているうちに、玉は忠興から外出を禁じられてしまう。

「一体、なぜなのですか！」

玉は抵抗するが、忠興は「一歩も出てはならぬ」と繰り返すのみ。そして、玉を抱きしめて、耳元でこうささやいたのである。

「もうどこにも行かせない。ずっと私のそばにいればよい」

嬉しい言葉のはずなのに、咄嗟《とっさ》に玉は忠興を突き飛ばしてしまった。

「ごめんなさい……」

忠興は薄ら笑いを浮かべながら、庭のほうへ目をやった。庭師がこちらに背を向けて木々の葉を切り、整えている。

「家中でも安全とは限らないか……」

そういうと、忠興はつかつかと庭へ降りて、庭師が振り返るや否や、刀で斬りつけて殺してしまった。

「人の妻に手を出そうとするからだ」

いうまでもなく、全くの事実無根だが、忠興は不安でならなかった。

玉と再び暮らせる日を夢見て極限状態のなかで戦っていた忠興は、ようやく取り戻した妻に異常な執着を見せるようになっていたのである。

「まるで鬼……」

嫉妬に狂った忠興により、場所は違えど、またもや幽閉生活を送らされることになった玉。もはや精神的な疲労も限界に来ていた。

「どうして私はこんな目にばかり遭うのだろう」

そうため息をつくと、長男の忠隆が不思議そうにこっちを見ている。幽閉中に生まれた興秋《おきあき》も、もうずいぶんと大きくなった。

私はこの子たちのために細川家を守る。もっと強く、もっとしなやかにならないと。

キリスト教との出合い

玉は忠興が戦に出かけると、こっそりと侍女を従えて出かけるようになった。行き先は教会である。

「主よ……」

玉がキリスト教に傾倒したのは、侍女のイトがきっかけだった。忠興と結婚して以来、イトは玉に仕えてくれている。いつもイトが祈りを捧げているのを見て、玉も救い主に近づきたいという思いが日増しに強くなっていく。

ある日、ついにイトを通じて洗礼を受けた玉。これから人生をともにする、新たな

名を与えられた

「ガラシャ……」

　ガラシャとは、ラテン語では「神の恵み」という意味を持つ。神に誓って、私は自分の役割をまっとうしてみせる――。

　ガラシャが閉ざされた生活のなかで、そんな決意を固めているうちに、時代はまためぐる。慶長３（１５９８）年８月18日、秀吉が病死。豊臣家を支える重臣として台頭したのは、石田三成と徳川家康である。

　忠興は家康側につき、長男の忠隆と次男の興秋を連れて出陣した。その隙を三成は見逃さなかった。ガラシャを人質としてとらえることで、細川家を西軍に引き入れようとしたのである。

「奥方様！　三成の軍勢が押し寄せてきて、屋敷が包囲されています！」

侍女たちが慌てふためくなか、玉は落ち着き払って言った。

「わかりました。マリア、みなを連れて、屋敷を出なさい。三成とて人質を粗末に扱いはしないでしょう」

マリアとは、イトの洗礼名である。イトには随分と助けられたと、玉は改めて感謝のまなざしを送った。

「しかし、奥方様を置いてはいけません」

玉はかぶりを振ると、みなを見渡してほほ笑んだ。

「私は細川忠興の妻です。最後は私に見届けさせてください」

戦のことはよくわからない。だけれども、細川家を守るためには、こんな汚い手に出る敵の手に落ちるわけにはいかない……玉はみなが避難するのを見届けると、残った家老の小笠原少斎《おがさわらしょうさい》を呼び寄せて言った。

「あなたには、嫌な役回りをさせてしまうことになり、申し訳なく思っています」

少斎は言葉も出ず、ただ首を振るのみ。すでに屋敷中に火は放ってある。三成に自分の遺体を渡さないために、玉があらかじめ指示していたことだった。

そして、最後に重要な任務が少斎には課せられていた。

「では、よろしく頼みますね」

少斎はうなずくと、泣きながら、玉の胸を槍で一突きにした。

すべては細川家にこれ以上の迷惑をかけないため……。キリシタンは自殺を禁じられているので、玉は少斎に自分の処刑を頼んでいたのだ。

「散りぬへき　時しりてこそ　世の中の　花も花なれ　人も人なれ」

花は散る時を知ってこそその花なのであり、人間もそうあらねばならない、今こそ散る時である――。

歌の作者は、細川ガラシャ。胸を突かれて意識が遠のくなか、ガラシャはあの日のきらびやかなパレードを思い出していたのかもしれない。

これで多くの人が救われるのですから、いいのです

世界で初めて全身麻酔による手術を成功させた医師と妻

江戸時代後期　外科医

華岡《はなおか》青洲《せいしゅう》

（1760～1835年）

紀伊国《きいのくに》（現・和歌山県）に生まれる。麻酔剤の開発を行い、日本最初の乳がん手術を行った。23歳で京都に遊学し、古医方やオランダ流外科を学んだのち、帰郷し家業の村医者を継いだ。彼の開発した麻酔薬「通仙散」は、ヨーロッパで薬草として採用されていたマンダラゲを主剤とするもので、中国医書を参考に改良を加えたもの。この麻酔薬を用いて乳がん手術だけでも150例ほど行い、広く全国から入門が相次いだ。

これまでのあらすじ

江戸時代には、医師にも身分があった。最も地位が高いのは幕府の医師で、その後に続く朝廷の医師とともに「医官」と呼ばれた。そして大名や旗本の医師、町や村の医師という順に地位が低くなる。だが、町医者、村医者でも優れた腕があれば、幕府の医者に取り立てられるなど、実力次第で身分制度を超えることもできた。

内科・外科・整骨の医者である華岡青洲は、第10代紀州藩主の徳川治宝《はるとみ》から、侍医として何度も招聘《しょうへい》を受けながらも、庶民の治療を優先するために固辞していた。青洲には、どうしても成功させたい手術があった。

助けられなかった、乳がんの妹

「うぎゃあ！　うぐぐ……痛いっ！　痛い！」

手術の部屋から患者の悲鳴があがる。つい、さきほど血を流しながら、運ばれてきたばかりの患者だ。

「長くなるかしら……」

加恵《かえ》は何もできないもどかしさを覚えながらも、手術が無事に終わることを祈るばかりだった。

しばらくして、夫の華岡青洲が部屋から出てきた。汗びっしょりで、今にも倒れそうなほど疲労困憊《こんぱい》しており、うつむいたまま、居間へと入っていく。

「お疲れさまでした」

そう声をかけても、加恵が出したお茶も飲まずに、青洲はただ腕組みをして、目をつぶっている。

「手術はうまくいきませんでしたか」

青洲はようやく加恵がいることに気づいたような顔をして、「いや、手術はなんとかうまくいった」と言うと、少し頬を緩めたが、すぐに難しい顔をした。

「しかし、あれだけ暴れられると、手術に時間がかかって、患者の身体への負担が大きくなってしまう」

患者の悲鳴を聞くだけで、加恵などは身がすくんでしまう。その点、青洲の母、於《お》継《つぎ》は肝が据わっている。以前、せめて手術の準備だけでも手伝おうと、まごまごしていると「手を出してはだめ！」と一喝されてしまった。青洲は医師の父からこの医院を継いでいる。加恵にとって、於継は医師の妻として見習うべき存在だった。

「やはり麻酔薬だ。麻酔さえあれば、状況は変えられるんだが……」

ようやくお茶に手を付けた青洲が天井の角をにらみながら、自分を奮い立たせるように言った。

「麻酔薬……ですか？」

「ああ、麻酔薬さえあれば、眠っている間に手術は終えられる。患者は激痛に耐えなくていいし、医師は手術に集中できる」

そんな魔法のような薬があるわけがない。初めはそう思ったが、青洲の熱弁を聞いているうちに、可能なのかもしれないと思えてきた。必要なのは「マンダラゲの花[1]」。強い毒性を持つが、それゆえ「使い方次第で、薬にもなる」と青洲はいう。

その日からというもの、青洲は犬や猫を使って実験を繰り返した。マンダラゲの花で麻酔薬を作り、犬に飲ませると、まもなくして眠りについた。

「あなた、眠ってるわ！」

「うむ、だが……」

青洲が犬の足にプスリと針を刺すと、キャインと鳴いて、その場から慌てて逃げてしまった。

「この程度の刺激で起きてしまうようじゃ、とても手術はできない。かといって、あまり刺激が強すぎると死んでしまうしな……」

何匹かの犬や猫は死んでしまった。それでも青洲はさまざまな薬草を混ぜながら、その量の割合を変えて研究を進めていく。その姿を加恵はそばで見守ることしかでき

＊1　チョウセンアサガオの別名。ナス科の一年草。アジア熱帯地方の原産で、日本へは江戸時代に輸入され、薬用として栽培された。夏から秋にかけ、アサガオに似た白い花をつける。全株にアルカロイドを含み、葉と種子は薬用。葉はマンダラ葉と呼び、ぜんそくに用いる。猛毒なので量を誤ると発狂状態となる。

なかった。

「センキュウにトウキ、それにビャクシも混ぜてみるか……」

そんな実験を行っている最中にも、患者は運び込まれてくる。家族は必死の形相で青洲に頭を下げる。

「先生、お願いします！」

「わかりました。ちょっと我慢してくださいね」

青洲は患者に縄の切れ端を渡して、それをくわえさせる。少しでも痛みに耐えられるようにするためだ。

「グググ……ぎゃっ、痛い！　やめて……やめてくれー！」

病室からいつもの叫び声が聞こえてくる。思わず耳をふさぎたくなる加恵だったが、唇をぎゅっと噛んで、患者の叫び声を聞いていた。夫は患者のそばでこの悲痛な叫びを聞きながら、手術に励んでいる。そう思うと、自分だけが耳をふさぐわけにはいかないような気がしたのだ。

だけど、もし、こんな思いをせずに患者が手術を受けられるならば、どれだけ良いことだろう……。加恵もまた青洲と同じく麻酔薬の実現を夢見るようになった。

青洲の妹、於勝《おかつ》が医院を訪れたのはそんなときである。青洲が横たわった妹の胸を触診すると、大きなしこりがすぐに見つかった。乳がんだ。

「どうして、こんな大きさになるまで放っておいたんだ！」

青洲が声を荒らげると、妹はふっと笑って言った。

「乳がんですもの。助からないでしょう。ねえ、兄さん、だから、私の身体を使って。胸を切り開いて、がんの正体を突き止めて」

「何を言ってるんだ……痛みと出血で死んでしまうぞ！」

「もう今だって痛みでどうしようもないの……お願い」

加恵は部屋の外でその声を聞いていると、そばにいる青洲の母、於継が「於勝……」と泣き出した。強く見えても、娘の前ではただ一人の母親なのだと、加恵もまた涙ぐんだ。

青洲が病室から出てくると、於継が駆け寄る。

「何とかできないのかい」

「あれだけ大きなしこりを取り除くには、麻酔薬がなければ、手術はできない」

青洲は力なくそう言って「少しでもそばにいてやってくれ」というのみだった。数日後、痛みに苦しみながら、於勝はこの世を去ることとなった。

医師の妻として

それからも青洲は実験を繰り返し、動物ならば確実に眠らせることに成功していた。どこを刺そうが熟睡して動かない犬を見て、加恵は興奮気味に言った。

「あなた、これだけキリで突っついても、起きないわ！　麻酔薬ができたのね！」

だが、青洲は「うむ」と言ったきり、喜びもせずにまた腕組みをして考え込んでいる。その様子を黙ってみていた、於継が口を開いた。

「ついに、このときが来ましたね。青洲、私を使いなさい」

「母さん……」

ぽかんとしている加恵をよそに、於継が手術の部屋に入っていく。

「加恵さん、あとのことはよろしくね」

加恵が「な、何をおっしゃってるんですか！」と慌てると、於継は何気ない風を装って穏やかに言った。

「もう動物実験は終わり。ここからは人に効くかどうかを試さないと。青洲、そうでしょう？」

「そうだけど……だめだ。これは危険な実験なんだ」

「だからこそ、私がやらないでどうするんですか。もう十分生きたからよいのです」

加恵は「そんな……」と思わず絶句しながら、嫁入りしてから於継と過ごした日々が自然と思い返された。厳しかったけれど、医師の妻としてあるべき姿を教えてくれた於継に、加恵は憧れさえ抱いていた。

そして今、誇り高き姿で於継は布団の上で座っている。

「さあ、さっき犬に飲ませたその薬の量を調節しなさい。ここまでよくやったじゃないの。もう少しよ」

青洲が薬を持ったまま逡巡《しゅんじゅん》していると、加恵がその横に布団を敷き出した。

「何をしてるの！」

於継が慌てると、加恵は穏やかな顔で言った。

「お義母さん、実験台には私がなります。私のほうが、もしもの時にでも助かる可能性があると思いますから」

「加恵！　お前一体、何を……」

「そうですよ！　あなたはこれからの将来が……」

「将来があるから、です。だから、私がやらないといけないんです。これからの医学を発展させるために、私を使ってください」

加恵は二人からどれだけ止められても、頑として布団から動かなかった。これまで、医師の妻として何をすべきか、ずっと考えていた答えがようやく出たと、加恵の決心は固かった。

「加恵さん……本当にあなたがやるの……」

心配そうな於継に、加恵はにっこり微笑んだ。

「大丈夫です。動物たちにはうまくいっているのですから。さあ、あなた。於勝さんのような思いを、もう誰にもさせないために」

加恵の強い思いに、青洲も心を動かされて意を決する。これまでの実験で、青洲は麻酔薬への自信を深めていた。

「わかった。少しでも異常があれば言ってくれ。絶対に死なせはしない」

「はい。私のことは心配しないでください」

加恵が、青洲から手渡された薬を一飲みした。しばらくすると、意識が遠のいていき、周囲の音が聞こえなくなっていった。

目覚めると、暗闇

目を覚ますと、青洲と於継が自分の顔をのぞき込んでいる。於継は感極まって泣き出し、青洲がその手を握った。

「よし、目を覚ましたか！」

「私……少し眠っていましたか？」

「ああ、3日も眠っていたんだ。具合はどうだ」

「3日も……体調は何ともないわ」

「そうか、成功だ！」

これで麻酔を使った手術ができる、と3人は抱き合って喜んだ。とはいえ、患者に使うには、まだ実験データが不足している。母の於継も実験台に加わり、何度か実験が繰り返されることとなった。

だが、加恵が二回目の実験に挑んだときのことだ。目を覚ますと、あたりは真っ暗

である。

「よかった、意識が戻ったか。これで麻酔薬は完成……」

暗闇のなか、青洲の声だけが聞こえてくるので、加恵は聞いた。

「今日は何日目の夜ですか」

場がざわめき立つのを加恵が感じたとき、於継の叫び声が部屋に響く。

「夜ですって！　今は昼間よ、加恵さん！」

「まさか、お前、目が……」

視力を失ってしまった加恵の姿に、青洲は号泣した。

「すまない！　おそらくソウウズ[2]の毒が

＊2　草烏頭と書き、「くさうず」または「そううず」と読む。猛毒のトリカブトの若い根。殺虫、鎮痛、麻酔などの薬用に用いられる。

目を……」

於継も涙で声にならないなか、加恵はにっこりとほほ笑んだ。

「いいんですよ。これで多くの人が救われるのですから。あなた、実験を続けてください」

加恵は、これまで病室でのたうち回る何人もの患者の声を聞いてきた。於勝のように亡くなった人もいる。そして、実験では動物の命も失われた。そのたびに、涙する青洲の姿を見てきたのだ。目が見えなくなったことくらいで、嘆き悲しむに値しない。加恵は心の底からそう思っていた。

大きな犠牲を払いながらも、青洲は麻酔薬を完成させる。薬には「通仙散《つうせんさん》[3]」と名づけた。

そして、ついに来るべきときがくる。文化元（1804）年10月13日、青洲は通仙散を用いて、世界初の全身麻酔による乳がんの手術に成功した。

「加恵、玄白先生[4]から手紙が届いたぞ！」

＊3 別称「麻沸散」。
＊4 杉田玄白のこと。

「まあ、なんて書いてあるのですか」

「なんでも手術について詳しく教えてほしいらしい。あの玄白先生が私を……」

「よかったわね、あなた。さあ、午後からまた一人、手術ですよ」

「ありがとう、加恵、ほんとうに……」


不治の病とされていた乳がん。それだけに、青洲の成功を知った乳がんの患者が、全国各地から医院に訪れることとなった。

青洲は76歳で亡くなるまでに、実に１５６人にもわたる乳がんの患者を治療したと記録されている。

こいつらだけでも、逃がせるかもしれない

永遠のリーダーが武士の誉れよりも尊んだもの

幕末　新撰組隊長

近藤《こんどう》　勇《いさみ》

（1834〜1868年）

武蔵国多摩郡上石原村（現・東京都調布市）に農家の子として生まれる。天然理心流《てんねんりしんりゅう》宗家3代・近藤周助《しゅうすけ》の試衛館《しえいかん》で剣術を学び、15歳の頃に近藤家の養子となった。文久3（1863）年、第14代将軍・徳川家茂《いえもち》の上洛に際し、警衛のため組織された浪士組に参加。同組の一部はそのまま京都に残留して「新撰組」となり、京都の治安維持を担当した。近藤はのちに局長となり、慶応3（1867）年には、見廻組頭取として幕臣となった。

これまでのあらすじ

安政7（1860）年、大老の井伊直弼が暗殺される（桜田門外の変）。弱体化した江戸幕府は、朝廷と幕府が融合する「公武合体政策」を推進。孝明天皇の妹である和宮《かずのみや》が、第14代将軍の徳川家茂の妻として迎えられることとなった。

文久3（1863）年、家茂は、孝明天皇に拝謁するため、尊王攘夷の嵐が吹き荒れる京へ上洛。将軍警護のために募集されたのが、浪士組である。

浪士組はやがて「新撰組」として編成。近藤勇を隊長とした新撰組は、京都守護職で会津藩藩主の松平容保《まつだいらかたもり》のもと、京都の市中警護や不逞浪士の取り締まりを行うこととなった。

新撰組、栄光の時代

「幕末」は、いつの時期からのことをいうのか。専門家によってさまざまな意見があるが、一般的には嘉永6（1853）年からとされることが多い。

そう、ペリーが指揮する黒船来航の年である。

鎖国体制が崩壊し、江戸幕府が求心力を失うなかで、長州藩や薩摩藩の志士を始めとした反幕府勢力が台頭していく。そんななか、治安維持のために取り締まりを強化して、京都の警護を果たしたのが、新撰組である。

率いるリーダーは近藤勇。近藤は新撰組の局長として、世間にその名をとどろかせており、反幕府勢力にとっては、厄介な存在になりつつあった。

そんな近藤のもとには、京の町を混乱に陥れようとする計画が漏れ聞こえてくる。

この日もこんな物騒な噂を聞きつけた。

「京に潜伏している長州藩士らが、中川宮邸への放火を計画しているらしい」

なぜ、長州藩士がそんな企てをしているのか。

尊王攘夷派の中心となった長州藩は、孝明天皇を「尊王」として担ぎ、幕府に対抗。京都の朝廷に取り入って倒幕を目論んだ。

しかし、幕府の京都守護職を務める会津藩がそれを阻み、薩摩藩とともにクーデターを敢行。長州藩を京都から追い出してしまう。

文久3（1863）年8月18日に行われたことから、これを「八月十八日の政変」と呼ぶが、中央政界から追われた長州藩は、多数の過激派浪士とともに、京都に潜伏。親幕府派である中川宮邸に火をつけて、暗殺してしまおうと計画したのである。

「反幕府勢力を支援している商人から、計画を聞き出すしかないな」

近藤は新撰組の隊員とともに、薪炭商を営みながら志士達の支援をしていた枡屋喜右衛門《ますやきえもん》こと、古高俊太郎《ふるたかしゅんたろう》のもとへ向かった。そして、古高の身柄を拘束すると、放火計画を自白させることに成功。その情報をもとに、近藤は尊王攘夷派の志士（尊攘派）の潜伏先として考えられるところを二つに絞り、隊員に指示を出した。

「尊攘派は、おそらく池田屋か四国屋のいずれかの旅館に潜伏しているだろう。ここからは3つの班に分かれよう。俺の班は池田屋に向かうから、土方《ひじかた》の班は四国屋を頼む」

近藤は局長の土方歳三《としぞう》に一つのチームを任せて四国屋に向かわせる一方で、もう一人の副長、山南敬助《やまなみけいすけ》が率いるチームは、屯所に残すことにした。

「なんだ、俺たちはお留守番か」

「敬助、そう言うな。捕まえた古高を長州藩が奪還しにくるかもしれない。お前が残ってくれれば安心して、俺と土方は敵のところへ向かうことができる」

近藤はそう言って山南を納得させると、土方に向き直った。

「向かったほうにいないと分かれば、合流することにしよう」

「わかった。ただ、二つともハズレ、という場合もある。念のため、道中にある旅館もしらみつぶしに見ていこう」

「そうだな。土方、頼んだぞ」

3派に分かれた新撰組だったが、心は一つにまとまっていた。これまで続いてきた江戸幕府の体制をなんとか守る。そんな大きな使命のために、それぞれが役割を果た

し、そんな隊員たちを、近藤はリーダーとして束ねていたのである。

その頃、尊攘派は池田屋で会合を開いていた。二階の部屋で、20人以上の志士が車座になって話していると、店主が下から急いで階段を上ってくる。この店主もまた倒幕の支援者だった。

「逃げろ！　新撰組だ！」

その瞬間、主人を追って現れたのは、局長の近藤勇のほか、沖田総司《おきたそうじ》、永倉新八《ながくらしんぱち》、藤堂平助《とうどうへいすけ》の計4人。驚いた尊攘派も一斉に刀を抜く。

「かかれっ！」

20人に対して4人と数のうえでは劣勢

の新撰組だったが、そこはさすがの剣の腕前で、近藤らはたちまち９人を討ち取ってしまう。なかでも、幼少期から道場で時を同じくした、近藤の弟弟子にあたる沖田は剣の達人だった。

「こっちだったか。捕らえろ！」

土方隊がかけつけると、逃げ惑う尊攘派を捕獲。翌朝も探索して、結果的には20人あまりを捕獲することになった。

見事に任務を果たした新撰組。幕府からは５００両の大金が与えられ、局長の近藤には三善長道《みよしながみち》という職人が作った名刀が贈られた。

一カ月後に起きた「禁門の変」でも新撰組は長州藩を撃退。３年後には、近藤は正式に幕臣へと取り立てられることになった。

「この俺が幕臣に……信じられないことが人生には起きるものだ……」

局長を務めた近藤は武家の養子ではあったものの、もともとは百姓の子どもだった。副長の土方もまた農家の生まれである。武士ではない二人が中心となった新撰組は、下級武士や浪人の集まりに過ぎなかった。

それが最盛期には200人以上に膨れ上がり、勇名を轟《とどろ》かせたのだから、組織を率いる身としてこれ以上の達成感はなかっただろう。

離れていく仲間たち、リーダーとしての不甲斐なさ

しかし、何が起こるか予想できないのが、動乱の幕末期だ。第15代将軍の徳川慶喜が大政奉還に踏み切り、朝廷に政権を返上してしまったのである。

さらに、慶応4(1868)年1月、鳥羽・伏見の戦いでは、旧幕府軍が新政府軍に敗北。新政府軍が江戸に進軍し、新撰組は追い詰められていった。

情勢が悪くなると、雰囲気が見る見るうちに悪化するのが、組織というもの。仲たがいも多くなり、創立以来の同志だった永倉新八《ながくらしんぱち》や原田左之助《はらださのすけ》も立ち去っていく。

永倉が離脱したのは、近藤が発した言葉に原因があった。永倉は、一旦離散した隊士を説得して会津[1]へ向かうことを決める。

「一緒に会津へ向かおう」

＊1 鳥羽・伏見の戦いに始まる戊辰《ぼしん》戦争では、諸藩が次々と敗れるなかで、会津藩は幕府側として最後まで抗戦した。

永倉にそう提案された近藤だったが、胸中は、この不甲斐ない状況にいたたまれない気持ちでいっぱいだった。どうしてこんなことになってしまったのか。隊員たちは、自分のことを見切り始めたのではないか……。

不安や絶望は、時に人の気持ちを試すような言葉となって表れる。気づいたときには、近藤はこんな言葉を口にしていた。

「そのような決起に参加する意思はない。ただし、みなが家臣として、私に仕えるなら同行する」

新撰組において隊長を務めた近藤だが、それはあくまでも役割に過ぎず、隊員との上下関係はないはず。永倉は怒りと寂しさを入り混じらせながら、こう返答した。

「自分たちは同志として参集したのであって、家臣になるつもりはない」

近藤は何か勘違いしているのではないか……そう言いたげな表情をしながら、どんどん隊員たちが、自分のもとから離れていく。新撰組は分裂して、衰退の一途をたどるばかりだった。

わずかとなった隊員を前にして、近藤は弱々しくつぶやいた。

「土方……お前は行かないのか」

「どこに行くというのだ。隊長のお前がそんなことでどうする」

池田屋で襲撃をともにした沖田もまた言葉を重ねる。

「近藤さん、僕はこれからも、これまでのようにずっと一緒にいますよ」

「お前たち……」

近藤は土方や沖田らとともに、残った隊員たちと軍事訓練を行いながら、転々とする。やがて、下総《しもうさ》の流山《ながれやま》に移転。味噌屋の長岡屋に本陣を置くことになった。

まだまだやれる。ここから再スタートを切るんだ——。近藤はそう自分に言い聞かせていたことだろう。

プライドよりも大事なもの

しかし、時代の流れに抗うことは容易ではない。わずか二日後、近藤たちは新政府軍により包囲されてしまう。新政府から出頭を命じられると、近藤は二階に上がり、少なくなった隊員たちにこう告げている。

「出頭を命じられた。俺は腹を切る」

農家に生まれながらも、武士として生きた近藤。新撰組が時代の徒花《あだばな》として散ろうとしている今、武士として潔く死を選びたい。そう考えたのだ。

だが、ここまでついてきた隊員からすれば、近藤を死なせるわけにはいかない。土方が立ち上がった。

「ここで腹を切れば、犬死だ。新政府軍はまだはっきりと俺たちの正体はわかっていない。生き残る方法はあるはずだ」

「土方さんの言う通りです。どうせならば、最後に打って出ましょう！」

懸命に切腹を制止する土方や沖田、そしてほかの隊員たちの顔を見ているうちに、近藤にある思いが生まれる。

「（切腹せずに出頭すれば、時間が稼げる。その間に、こいつらだけでも逃がせるかもしれない）」

考えあぐねた結果、近藤はこう告げた。

「みなの気持ちはよくわかった。切腹はやめよう」

隊員一人ひとりの顔を見てから、近藤は胸を張って言った。

「これから新政府軍と話をしてくる。みなはここを脱出して、会津に向かってくれ。あとで向かう」

近藤が部屋から出ていくと、あとを追いかけてきた男がいる。土方だ。

「待て。死ぬ気だな。ならば、俺もともに行き、戦う。ただでは死なせない」

「だめだ、残された同志がいる」

そう言うや否や、近藤は土方と向き合い、左右の大きな手を土方の両の肩にそれぞれ置き、深く一呼吸してから言った。

「これまで汚れ役をすまなかった。感謝している。あとは頼む」

「……出頭したら、自分は鎮撫隊《ちんぶたい》[2]の一人だと主張しろ。新撰組の隊長だとは、向こうはまだ気づいてはいない」

近藤は柔らかに微笑んで「わかった」と言い、その場を立ち去った。

近藤は切腹せずに出頭。ほかの隊員たちは、流山を脱出し、227人のうち半数は離反したものの、残りの半数が会津に入った。そこに負傷者たちも合流して130人の「会津新撰組」が結成されることになった。

一方の近藤はというと、出頭してしばらくは偽名で押し通すも、あっさりと身元を明らかにされてしまう。新撰組の元隊員が薩摩軍に従軍していたためである。

「新撰組隊長、近藤勇だな。ひっとらえよ！」

足枷《あしかせ》をつけられた近藤は、平尾一里塚[3]近くの馬捨て場へと搬送された。刑場には、見物人が押し寄せていた。

旗本岡田家の武術指南役である横倉喜三次《よこくらきそうじ》が、近藤のそばに立つ。近藤はその場に

＊2 鳥羽・伏見の戦いのあとに、甲州を鎮撫するよう命じられた新撰組が、他勢力と合流して名乗った新たな名称。

＊3 現在の東京都板橋区。

座り、首筋を突き出した。

その脳裏に浮かんだのは、新撰組として栄華を誇った日々ではなく、毎日のように仲間と道場で剣を交わした青年時代の日々であった。

「まだまだ、そんなもんじゃないだろう、土方、総司……」

一閃《いっせん》し、喜三次の太刀が近藤の首に振り下ろされた。享年35歳だった。

出頭することなく、切腹して死ぬことができれば、武士の名誉は守れただろう。しかし、近藤は自身の名誉と引き換えにして、隊員たちを逃がすことを選んだ。その首は、三条河原に晒されることとなる。

やがて新撰組は滅亡する。それでも、組織のリーダーとしての自らの役目をまっとうした近藤の姿は、いつまでも隊員たちの心に残ったことだろう。

[第6章]

大切な人と別れたけど その人に恥じない人生を 模索した生き方

ずっと一緒にいたかった家族や恋人と、
離ればなれになってしまう…

家同士の確執《かくしつ》や、時代の荒波のなかで、
いくつもの悲しい別れがありました。

たとえ離れても、その人に恥じない生き方を——

大事な人を失ってなお、さらに強く生きた人々の
生涯を紹介します。

残りの人生も、あなたを思い続けます

戦に引き裂かれた初恋を、生涯守り続けた信玄の娘

安土・桃山時代　武田信玄《だけだしんげん》の娘

松《まつ》姫《ひめ》

（1561〜1616年）

武田信玄の娘として甲斐国《かいのくに》（現・山梨県）に生まれる。７歳のとき、織田信長の息子・信《のぶ》忠《ただ》と婚約するが、のちに家同士が対立し、破談となった。天正10（1582）年、武田家が織田軍に攻め込まれると、武蔵国《むさしのくに》八王子にのがれて22歳で剃髪《ていはつ》する。その後はその地で養蚕《ようさん》に励み、織物の技を伝えるなど、八王子の機《はた》織《おり》業の基礎をつくったとされる。天正18（1590）年、信松院《しんしょういん》を建立した。

これまでのあらすじ

応仁元（1467）年に始まった応仁の乱によって、京を中心とした近畿地方が政治的混迷に陥ると、地方では、守護・守護代・国人といった多岐にわたる階層出身の武士たちが頭角を現す。有力者は分国を作りあげて、独自の地方政権を樹立。これが戦国大名である。

そのなかでも、甲斐を支配した戦国大名、武田信玄は「風林火山」を旗印にして、他の戦国大名を次々と撃破。信濃へと領土を拡大し、「無敵」と恐れられた。

越後の上杉謙信《うえすぎけんしん》と対決を繰り返すも決着がつかず、信玄は同盟国である駿河国の今川領国へ侵攻を開始した。

忘れられない人

松姫が長野県の高遠城《たかとおじょう》[1]に身を寄せてから、数カ月の月日が過ぎた。

父の信玄が病に倒れて亡くなったのは、天正元（１５７３）年４月のこと。信玄の遺言にしたがい、しばらくはその死が隠されたが、国内では、後を継いだ武田勝頼《かつより》を中心とした体制づくりが始まっていた。

信玄の四女にあたる松姫は、兄である仁科盛信《にしなもりのぶ》[2]を頼り、ここ高遠城にやってきたのである。

「このお方なんかどうだろう。家柄も悪くない」

松姫に何とか前を向いてもらおうと、盛信は連日、縁談を持ってくるが、そんな気にはなれなかった。父のこともあったが、松姫には心に決めた人がいたからである。

盛信もそのことは知っていた。むしろ、知っていたからこそ、こうして縁談を持ってくるのだった。

＊1　現在の長野県伊那《いな》市にあった城。別名を兜山《かぶとやま》城。戦国時代初期、一帯を支配していた高遠氏を破った武田信玄が築いた。現在も太鼓櫓《たいこやぐら》や城門が残り、城址公園となっている。

＊2　武田信玄の五男。仁科氏が武田氏に滅ぼされて断絶したのち、その名跡を継いだ。信玄の死後は、兄の武田勝頼を助け、天正９（1581）年に高遠城主となった。

「もう父上も亡くなられた。そうこだわらなくともいいじゃないか」

「父のことは関係ないのです」

「しかし……」

そのあとは聞かなくともわかる。「相手に会ったこともないのに」

盛信が呆れたように立ち去ると、松姫は手紙を広げて文字を手でなぞった。

「信忠様……」


松姫が織田信長の長男、信忠と婚約したのは、永禄10（1567）年11月。信忠は11歳で、松姫にいたってはまだ7歳だった。

織田家と武田家が同盟を組んだ証として縁談が決まった二人だったが、なにぶんまだ幼い。松姫が織田家に輿入《こし》れするのは、二人がもう少し大きくなってからということになった。

「一体、どんな方なのだろう……」

会えない時間が長いほど、相手への思いは強くなる。松姫の想像は膨らんでいくば

かりだった。そんななか、信忠からは婚約して以来、贈り物や手紙が頻繁に届くようになった。

「信忠様、お手紙ありがとうございます。また、贈っていただいた花柄の手鏡もとても可愛らしく、いつでも持ち歩いています」

　今でいえば、小学1年生と5年生のやりとりだから、ほほえましいものだ。信忠が松姫にマメに贈り物や手紙を送ったのは、父の信長からアドバイスを受けたからではないかとも言われている。意外と神経が細やかな信長ならば、ありそうな話ではある。

その真偽はともかく、信忠と松姫は離れていても手紙のやりとりによって、5年間にもわたって心を通わせ、相手への思いを募らせる。

そんななか、思わぬ事態が巻き起こる。松姫の父、信玄が徳川家康の陣地に攻め込んで、元亀3年12月（1573年1月）、三方ケ原《みかたがはら》の戦いが勃発。当時、家康と信長は同盟関係にあったため、家康に要請されて、信長は援軍を送ることになった。つまり、信玄と信長は敵対することになったのだった。

「父上、どうして……」

対面することもないまま、松姫と信忠の婚約は破談となる。信玄が病に倒れたのは、それからまもなくしてのことだった。

幼い子らを命がけで守った松姫

二人の婚約が破談になってから、約10年の月日が流れて、松姫は23歳になっていた。信忠とのやりとりも遠い昔の思い出である。今さら悲運を嘆く身でもない。明日をも知れぬ戦国時代で、ここまで生き延びたことだけでも、感謝するべきだろう。松姫はそんなふうに考えるようになった。

「ようやく縁談を受ける気になったか」

呆れたように言いながら、どこかほっとした表情の盛信も、10年分の年をとった。思えば、高遠城の居心地の良さに、松姫は救われてきた。兄孝行もしなければ……兄と話しながら、そんな思いがよぎったとき、盛信の家来が慌てて、部屋の前に現れた。

「なんだ、慌ただしい」

「申し上げます！　織田軍が攻め込んできました！」

「なに」

もしやと、松姫が思うと同時に、その名が耳に飛び込んでくる。

「織田軍の大将は信忠！」

信忠様……松姫が呆然とすると、盛信の指示が飛ぶ。

「姫、私の娘を連れて逃げてほしい。この城は危ない」

「しかし、それでは……」

「早く！」

天正10（1582）年1月下旬、松姫は3歳になる盛信の娘、小督《こごう》姫とともに、高遠城から脱出。勝頼の娘である貞姫や、人質として預かっていた小山田信茂《おやまだのぶしげ》[3]の娘、香貴姫らを連れて、寺院を転々としながら、松姫は必死に逃亡する。

「みな無事でおるな。ほら、あの峠を越えたらきっと泊まれるところがあるはず」

松姫が連れた子たちは3歳や4歳とみな幼い。松姫とて泣きたいほど不安だったが、守るべきものがあれば、人は強くなれるものだ。

このときに、松姫が越えた峠は「松姫峠」と名づけられている。松姫は八王子の金照庵へと身を寄せることとなった。

「みな、亡くなってしまいましたか……」

松姫が立ち去ったあと、高遠城に立て籠った盛信は、織田軍に攻め込まれて、自刃。

勝頼もまた、息子や正室とともに自ら命を絶ち、武田氏は滅亡することになった。

盛信の娘を思うと不憫だったが、知らせによると、信忠が降伏を勧めたにもかかわ

＊3 戦国時代の武将。武田信玄の談合衆のひとりだったが、武田勝頼の滅亡のときに裏切った。のちに織田信長に殺された。

らず、盛信は拒絶し、最後まで勇敢に戦ったのだという。

「父上のように強く生きなさい」

松姫はそう言って、小督姫の頭を撫でた。不思議と気持ちが浮き立つのは、信忠の存在を、これまで以上に近くに感じたからだ。

「信忠様は、兄に何度も降伏を勧めた……きっと、あの城に私がいると、そうお思いになったからだわ」

会ったことはなくとも、生涯思い続けた

相手を強く思っている時、相手もまた自分のことを強く思っている。そんな奇跡が人生で起こることもある。八王子の庵に一人の使者が現れた。何でも松姫に伝言があるという。

「信忠様から松姫様に申し伝えがあります。ぜひお会いしたいとのことです」

こんなときに、わざわざ探してくれていたとは……。

信忠もまた自分のことを忘れることはなかったのだと、松姫の目には涙があふれた。松姫は知らなかっただろうが、信忠は、側室こそ迎えていたものの、正室は頑なにとらなかったという。

ついに、あの人に会える——。15年以上、片時も忘れなかったあの人と。松姫は期待に胸を膨らませていた。信忠もまたそうだったに違いない。

だが、運命はいつも二人に残酷である。

6月に明智光秀による謀反、本能寺の変が起きて、信長は自害。信忠も討死することになった。

信忠のもとへ向かう夜道で、悲報を聞いた松姫はしばし立ちつくした。何が起きているのか理解が追いつかない。

「亡くなられた……?　信忠様が……」

幼少期からこれまで、文だけを頼りにして信忠との語らいを続けてきた。顔を思い浮かべることはできないのに、微笑みと温かなまなざしだけは不思議と感じることができた。夜空を見上げて松姫はつぶやいた。

「残りの人生もあなたを思い続けます」

松姫は八王子へと戻り、心源院で出家を果たす。22歳で頭を剃り、尼として生きる道を選んだ。

名は「信松尼《しんしょうに》」と改名。「信」の字は、武田家が代々名乗っていた「信」から来ている……もちろん、それは表向きの話だ。

「信忠様、どうか安らかに」

松姫、いや、信松尼は56歳のときに生涯を閉じるまで、武田家一族と信忠の冥福を祈り続けた。

いつか必ず、世の中がお前を必要とするときがくる

若き「資本主義の父」の命を救った、腹心の友

幕末・明治・大正・昭和　実業家

渋沢《しぶさわ》栄一《えいいち》

（1840〜1931年）

武蔵国榛沢《はんざわ》郡血洗島《ちあらいじま》村（現・埼玉県深谷市）に、豪農・渋沢家の長男として生まれる。青年時代には尊王攘夷運動に情熱を注ぐも、24歳の頃江戸に出て一橋家に仕える。慶応3（1867）年、パリ万国博覧会に際し渡欧し、欧州の産業や制度を見聞する。維新後は明治新政府の招きで大蔵省に入るが、翌年退官して実業界に入る。第一国立銀行を設立した他、王子製紙、大阪紡績など多くの近代的企業の創立と発展に力を注いだ。

これまでのあらすじ

ペリーが安政元（1854）年、再び浦賀に来航すると、幕府は威力に屈して、アメリカと日米和親条約を締結。4年後には、大老の井伊直弼がハリスと日米通商修好条約を結び、ついで、オランダ・ロシア・イギリス・フランスとも同様の条約を締結した（安政の五カ国条約）。

朝廷の了承を得ずに本格的に開国に踏み切ったことは、国内で大きな反発を呼び、江戸幕府の求心力は低下。天皇を尊ぶ「尊王」論と、外国勢力を追い払う「攘夷」論が結びつき、活発な尊王攘夷運動へと展開していく。

本を読むのに夢中で泥まみれになった少年時代

栄一は、天保11（１８４０）年、裕福な農家の長男として生まれた。農民でありながら、商いに興味を持ったのは、渋沢家の家風といってもよいだろう。

商売と剣術に長けた者が多いのが渋沢家の特徴で、栄一の父、市郎右衛門《いちろうえもん》がまさにそんな人物だった。市郎右衛門は商才があり、武芸に通じていただけではなく、四書五経を十分に読めるほどの教養と、俳諧を理解する風流さも兼ねそなえていた。

栄一は、そんな父に中国古典の手ほどきを受けることになる。それと同時に、近所に住む10歳年上の従兄弟、尾高惇忠《おだかじゅんちゅう》のもとに通っては、日本史や中国古典を学びながら、教養を高めていった。

「父上、本を読むのが面白くてたまりません」

「うむ、本を読むのはよいことだが、昼夜、読書三昧では困る。家業にも精を出しておくれ」

栄一の読書への熱中ぶりは、父からそう苦言を呈されるほどだった。本を読みながら外を歩いて溝に落ち、服がぐちゃぐちゃになったこともある。運悪く、正月の挨拶回りのときだったため、晴れ着が泥まみれになったというから、両親がとがめるのも無理からぬことだった。

それでも栄一は毎朝、惇忠のもとへ足を運び、4時間ばかり本を読むのを日課にした。栄一がそれだけ読書に夢中になったのは、惇忠の教え方もよかったからだろう。

惇忠の教育法は、従来よく行われていた「漢文を丁寧に読ませて、暗唱できるまで繰り返す」という漢文読解の指導とは、一線を画していた。本人が面白いと思う本を自由に読ませるようにしていたのである。

惇忠は栄一にこう語りかけた。

「いいか、栄一。読書の読解力をつけるには読みやすいものから入るのが一番良い。どうせ四書五経を丁寧に読んで腹にいれても、本当に自分のものとなって役に立つようになるのは、年を取って社会でさまざまなことを経験してからだ」

「じゃあ、『通俗三国志』[1]や『里見八犬伝』[2]みたいな本を読んでもいいのかい?」

*1 『三国志演義』の忠実な翻訳で、日本で初めて翻訳された中国小説とも言われる。
*2 南総里見八犬伝。江戸後期の、滝沢馬琴《たきざわばきん》による読本《よみほん》。中国の『水滸伝《すいこでん》』『三国志』を参考にして、27年かけて完成した馬琴晩年の大作。

「もちろんだ」

そうして当時低俗小説とされていたものから読み始めた栄一だったが、読書を重ねるうちに、自然と読解力が磨かれていくことに気づく。本が読めるようになると嬉しくて、また読書に夢中になるという繰り返しである。

「あにいのところに行くたびに、読みたい本が増えるんだ」

「まったく、また本ばかり読んで……」

父はそう嘆きながらも、我が子の成長に目を細めていたことだろう。本を読みながらも、栄一は父が注力していた藍玉《あいだま》の製造と販売にも精を出した。14歳のときには、不在の父に代わって初めて藍の葉の買い付けを任されるなど、その成長は著しかった。

しかし、やがて栄一は父が望む方向とは全く別のほうへと走り出すこととなる。

それは、尊王攘夷――。天皇を尊び、外国人は打ち払うべし、という過激な考え方である。ペリー来航以来、幕府が求心力を失うなかで、尊王攘夷の考え方は、若者の心をとらえた。

「黒船のペルリか……異国がこの日本を征服しようとしているなんて……。そんなことを許すわけにはいかない」

栄一がそんなふうに攘夷に目覚めたのは、ある一人の男に憧れたからだった。惇忠の弟、尾高長七郎《ちょうしちろう》である。

栄一が追いかけ続けた存在

「長七郎、また江戸に行っていたのか」

栄一はわずか4歳年上の長七郎をそう気安く呼んだが、胸のうちでは、憧憬《しょうけい》の念でいっぱいだった。大柄で腕力もあった長七郎は、剣術にも優れていた。幼き頃から兄の惇忠に多大な影響を受けて育ったが、剣の腕前は兄をもしのいでいた。

いや、それどころではない。長七郎は22歳で早くも神道無念流[3]の免許皆伝を受けている。農閑期になれば、栄一は長七郎とよく他流試合に出かけたが、長七郎に敵うものは誰もいなかった。江戸から来る剣客すらも寄せ付けなかった長七郎は、見事な剣さばきから、こう呼ばれた。

＊3 江戸時代中期に、下野国出身の福井兵《へい》右《え》衛門《もん》嘉平《よしひら》が開いた剣術の流派。江戸に道場を構え、優れた剣客を多く輩出した。

北武蔵の天狗――。

栄一にいたっては子ども扱いされるほど剣の実力に差はあったが、栄一の心をとらえたのは、長七郎の強さだけではない。その憂国の思想だった。

「今日も江戸から同志を連れてきた。栄一も一緒に話そう」

長七郎が江戸に出て、友人を連れて帰ってくるのは、これが初めてではない。そんなときは、夜を徹して国家の行く末について議論するのが常だった。

栄一もその場に加わることはあったが、聞いているばかりで、己の意見を持つことはできなかった。本だけの知識では語りようのない、血の通った政治談議がそこではいつも交わされていた。

話にはついていけないが、幕府がもはやこれまでのようには力を持てなくなっているのは明らかだった。何か自分にできることはないのか。20歳を超えたあたりから、栄一は激しい焦燥感に駆られるようになる。

「このまま田舎で百姓などしていられない。自分も長七郎みたいに江戸へ出たい」

そんな思いは日増しに強くなり、栄一は22歳のときに父の承諾を得て、二カ月にわたって江戸に滞在する。海保《かいほ》塾[4]で漢学を学び、千葉道場[5]で剣術を学んだが、本来の目的は別のところにあった。

「書物を読み、剣術の修行をする人のなかには自然とすぐれた人物がいるはずだ。そこから、気の合う人々に友達になってもらおう」

いわば、栄一は江戸でネットワークづくりを行ったのである。江戸で見聞を広めて故郷に戻った栄一は、いっぱしの攘夷の志士になった心持ちでいた。

＊4 江戸後期の儒学者、海保漁村《かいほぎょそん》が開いた塾。

＊5 千葉周作が開いた剣術流派「北辰一刀流《ほくしんいっとうりゅう》」を教えた道場。

無謀な計画

「このままでは、日本は異国に滅ぼされてしまう」

そんな危機感は、栄一の師ともいうべき、尾高惇忠もまた同じであった。栄一は惇忠と、もう一人の従弟、喜作《きさく》とともに、攘夷の計画を立て始める。

「本当ならば、長七郎にすぐにでも知らせたいが……」

ようやく憧れの長七郎のように攘夷の志士として、活動するだけの下地ができた。栄一からすれば、そんな心持ちだったから、早く長七郎に計画を打ち明けたかったが、このとき長七郎は京にいた。

長七郎は水戸藩士に誘われて、老中襲撃の計画に参加していたものの、周囲からの説得に思いとどまって、潜伏活動をしていたのである。

長七郎がいないならば、なおさら自分が引っ張っていかなければならない。栄一は惇忠や喜作、そして、自分自身を鼓舞した。

「ここは一つ派手に血祭りとなって、世間に騒動をおこす踏み台となろう！」

だが、3人が練り上げた攘夷の計画は、あまりにも無謀なものだった。それは、高崎城を乗っ取り、横浜を焼き討ちにして、外国人を撃退するという、大胆なクーデター計画だったのである。

もちろん、3人は真剣そのものだ。栄一にいたっては、父親との縁を切ってまで、この計画に臨んだ。栄一は自分がこれから行うことを踏まえて、家族に迷惑をかけないように、自ら親子のつながりを断ってもらうように、お願いしたのである。

驚いた父は最初こそ「それは農民がやるべきことなのか？」と反対していたが、栄一はこう反論した。

「もし日本の国がこのまま沈むような場合でも、『自分は農民だから少しも関係ない』と言って傍観していられるのでしょうか」

議論の末、父は息子の人生を尊重して「もう決して、お前のやることにあれこれと良い悪いを言わない」として、こう言葉を続けた。

「あくまでも道理を踏み間違えるな。そして、一片の誠意を貫いて、思いやりをもった志士でいてくれれば、その死生や幸不幸にかかわらず、私は満足だ」

そして、父は栄一の頼みを受け入れて、親子の縁を切ることに同意した。ここからは、親と子で別々の人生を歩んでいく。まさに父にとっても、栄一にとっても、断腸の思いだった。

もう後には引くことはできない。3人で練った計画の賛同者は、栄一が上京時に知《ち》己《き》を得たメンバーを加えて、約70人にまで膨れ上がった。決行日は、文久3（1863）年11月23日の冬至の日とした。

栄一は日記で、武器を調達する様子をこんなふうに記している。

「刀なども、ここで買い、あちらで買いと、尾高が五、六十腰、自分が四、五十腰用意した」

竹やりも用意し、当日の役割分担も決まった。あとは決行日を待つのみとなり、9月14日、京都にいる長七郎に届けるべく、こんな文を飛脚に託した。

「長七郎へ。攘夷の計画を実行する。役に立ちそうな人物なら何人でも連れて関東へ帰って来てほしい」

冷静な文とは裏腹に、栄一の心は燃えたぎっていた。憧れの長七郎とも、もはや同志である。ようやく追いつくことができた。あとは一緒に世の中を変えていく。そのための行動あるのみとなった。

「行くなら俺を殺してから行け」

いよいよ、10月29日の夜、もはや決行日まで一カ月を切るなか、尾高惇忠の家の二階に主要メンバーが集まった。

惇忠が計画のあらましを説明し始めると、突然、声が飛ぶ。

「不賛成だ！」

一体、何事かと声の主を見れば、京から帰ってきたばかりの長七郎の姿がそこにはあった。一同がぽかんとしていると、長七郎が続けた。

「無謀極まる愚挙だ。この計画は中止だ！」

まさかの反対に場はざわめいた。

「心変わりしたのか！」

「卑怯者！」

計画に反対する長七郎を激しく罵《ののし》る声が飛び交うなか、惇忠は「待て、待て」と周囲を落ち着かせながら、みなの気持ちを代弁した。

「何を言ってるんだ。攘夷を誰よりも主張してきたのは、お前ではないか」

長七郎は静かに首を振った。

「あにい、こんな寄せ集めの兵では、何もすることができない。仮に、計画通りに高崎の城が取れたとしても、横浜へ兵を出すことは不可能だ。すぐに幕府の兵に滅ぼされてしまう」

栄一が何かを口にしようとしたとき、長七郎は苦悶の表情でこう告げた。

「俺はこれまで、攘夷の活動をいろいろ見てきた。決起した十津川《とつかわ》浪士のなかには、藤本鉄石《ふじもとてっせき》であれ、松本謙三郎《まつもとけんざぶろう》であれ、思慮才覚もある人がいた。しかしわずかに五条の代官所を占領したくらいで、すぐに植村藩に防ぎ止められてしまった……」

長七郎は誰よりも攘夷に情熱を燃やして、多くの行動をしてきた。それだけに、なぜ、この計画を止めるのか。一同は理解できずにいた。しかし、誰よりも早く行動したからこそ、長七郎はこの場にいる誰よりも早く、攘夷の限界を知ることになったのである。

栄一が憧れた目の輝きは、長七郎からすでに失われていた。栄一としても、引き下がるわけにはいかない。栄一は自分に言い聞かせるように言った。

「ことが成功するか失敗するかなどは、天に任せておけばよい」

長七郎が栄一を見つめて「天に任せるだと？」と聞き返すと、栄一は続けた。

「おれたちは、幕府を倒す捨て石になれれば本望だ」

それでも、長七郎は首を振る。

「この挙兵は犠牲ばかり大きくて効果は少ない。犬死するだけだ」

栄一が「何だと！」と怒りを露わにすると、その両肩をつかんで、長七郎は叫んだ。

「死ぬな！　ここで死んでどうする！」

それでも栄一は無理やりに、部屋から出ていこうとする。

「俺は独りでもやる！」

「行かせない。行くなら、俺を殺してから行け」

そう言って長七郎が立ちはだかると、栄一は脱力して、その場にへたり込んだ。

「どうして……俺は……これまでお前をいつでも追いかけてきたのに……」

長七郎はかがんで栄一の肩を抱いた。

「こんなところで命を捨てるな、栄一……。いつか必ず、世の中がお前を必要とするときがくる」

やりとりを静かに聞いていた惇忠は、息をふーっと吐くと、一座を見回してからゆっくりと言った。

「計画は……中止だ。しばらく天下の大

勢をみることとしよう」

栄一はただ放心状態となり、そのまま立ち上がれなかった。長七郎はといえば、天を仰いで、おいおいと泣き出す。

そんな二人の様子を、仲間たちはただ見守ることしかできなかった。

運命が分かれた二人

若き栄一のクーデター計画は実行されることなく、終わりを迎えた。もし、長七郎が説得に失敗していたならば、栄一が歴史の表舞台で活躍することはなかった。

それどころか、命を落としていたとしてもおかしくはない。まさに、長七郎のおかげで、大きく道を踏み外すことを回避したのである。

もちろん、当の栄一はといえば、そんなことは知る由もない。ただ、目標を失い、どこにも行くあてがなくなってしまった。

このまま故郷にとどまっても、家族に顔向けができるわけもない。ならばいっそのこと、広い世界に飛び出そうと、栄一は喜作とともに、あてのない旅へと出かけることとなった。

攘夷計画は断念したものの、「身を立てて、国家の役に立ちたい」という栄一の志は変わらなかった。紆余曲折《うよきょくせつ》を経て、栄一と喜作は一橋《ひとつばし》家[6]へと任官する道を選ぶ。かつて栄一が築いた人脈によって、一橋家の家臣、平岡円四郎《ひらおかえんしろう》から声がかかって、栄一の人生は大きく動かされていく。

だが、いよいよ任官するというときに、栄一は長七郎の行方について聞かされる。なんでも飛脚を斬り殺してしまい、監獄にとらえられているのだという。

信じられない気持ちで栄一は長七郎のもとに向かう。すると、そこには獄につながれて、やせ細った長七郎の姿があった。

「一体、何が……」

「……栄一か」

栄一がかつて心底憧れた男は、今や立ちあがるのが精いっぱいだった。

「……長七郎、人を斬ったというのは、本当なのか？　お前がそんなことをするわけ

---

*6 徳川御三卿《ごさんきょう》の一つ。11代将軍・徳川家斉や、15代将軍・徳川慶喜を輩出した。栄一は慶喜に仕える平岡の誘いで一橋家に仕官することとなった。

がないと思って、居ても立ってもいられなくなったんだ」

「……あのときは……一匹のキツネが、飛びかかってきたんだ」

「キツネ？」

「ああ、だから思わず、抜き打ちで俺は斬ったんだ。そしたら……人だった」

「そんな……」

長七郎は自嘲気味に笑ったかと思えば、目を伏せて頭を抱えた。

「幕府に追われる恐怖からか、頭が少しやられたらしい。情けない。罪のない人間を斬っておいて、己はむざむざと命をこうして無駄にしているんだからな……」

髭《ひげ》も髪も伸び放題で、もはや別人のようになった顔で、長七郎は声を殺して泣いた。

「すべては弱い心が招いたことだ」

「弱くなんかない！　長七郎はいつだって……」

「栄一、おれのところにはもう来るな」

「長七郎！」

「お前は、そのまま道を突き進め。それでいい。迷うな。わかったな」

まだ何か言いたげな栄一に長七郎がくるりと背を向けると、役人たちに栄一は引きはがされて、そのまま退出させられた。

「長七郎、生きてくれ。生きていれば、また会える！」

栄一の叫び声が獄の土塀に響く。だが、その願いもむなしく、これが二人の最後の会話となった。

その後、栄一は徳川昭武《あきたけ》に随行してパリへ渡り、帰国後は大蔵省に入省。やがて、実業家として羽ばたき、「資本主義の父」とのちに呼ばれる活躍を見せる。

一方の長七郎は獄舎での生活が長引いた。ようやく出獄して帰宅するが、まもなくして病死する。

同じ故郷で学び、毎日取っ組み合い、同じ夢を見て研さんした二人であったが、全く違う運命をたどることとなった。

今はここでお別れですが、心はいつも一つです

生き延びるためにこそ、敵味方に分かれた真田親子の絆

安土・桃山時代　武士

真田幸村《さなだゆきむら》

（1567〜1615年）

信濃国（現・長野県）上田城主・真田昌幸《まさゆき》の次男として生まれる。本名は信繁《のぶしげ》。「幸村」の名が有名だが、そう名乗ったという確実な史料は実は残されていない。秀吉に長く仕え、関ヶ原の戦いでも石田三成方につくが敗れた。戦後は14年間浪人生活を送った。その後、秀吉の息子・秀頼《ひでより》に招かれ、大坂冬の陣で豊臣方を率いて戦う。翌年の夏の陣でも家康の本陣へ突撃して追い詰めるも、戦死。その奮戦ぶりは「真田日本一の兵《つわもの》」と称賛された。

これまでのあらすじ

天正13（1585）年、豊臣秀吉が関白となったその年に、徳川家康は7000もの兵で信濃国の上田城を取り囲み、真田家の真田昌幸と激突した（第一次上田合戦）。上田城に籠城する真田軍はたったの2000人だったが、徳川軍の撃退に成功した。

その後も、真田昌幸が率いる真田家は、時勢によって従属する戦国大名を変えて、長男の信《のぶ》之《ゆき》は徳川家、次男の信繁は豊臣家と、それぞれ関係を強化した。

だが、来るべき関ヶ原の合戦で、徳川家康を総大将とする東軍と石田三成らを中心に結成された西軍に分かれて対決することになる。いずれにつくべきか、真田家は難しい決断を迫られることになった。

豊臣につくか、徳川につくか

かれこれ4時間くらいは経つだろうか。

真田昌幸が息子の信之（信幸）と信繁（幸村）の二人とともに、薬師堂に籠《こも》ったきり出てこない。

「随分と長いな。一体、何を話しているんだか……」

家臣の河原綱家《かわはらつないえ》が首を伸ばすと「やめておいたほうがいいですよ。覗《のぞ》くなと言われていたじゃないですか」と、ほかの若い家臣にたしなめられた。

綱家が真田家に仕えて久しい。長篠の戦いで、武田が織田と徳川の連合軍に敗れると、二人の兄を失った昌幸が、真田家の家督を継ぐことになった。

それ以来、昌幸が織田や北条、上杉、豊臣など目まぐるしく主君を変えるのを、綱家は身近で見てきた。

状況判断のスピードが異常に早い。難しい局面でも、躊躇《ちゅうちょ》なく即断即決する昌幸に、最も振り回されたのが息子である信之と信繁だろう。

そんな独断専行が常だった昌幸が、信之と信繁とこれだけ議論を交わすとは、一体、何事なのか。綱家はこの異常事態を分かち合える、古くから仕える家臣を探したものの、そばには見当たらない。気になって仕方がなかった。

「ちょっと様子を見てくるから、ここを頼む」

「だからやめたほうがいいですってば……」

制止を振り切って、薬師堂に向かう綱家。部屋の戸をそっと開けて覗くと、すぐ昌幸に気づかれてしまった。気配を察することで、この乱世を生き抜いてきただけのことはある。

「何人も部屋には入るなと申し付けたはずじゃ！」

その瞬間、竹の水筒を投げつけられて、綱家は前歯を折ってしまう。

「父上、血が出ておりまする！」

「何をやっとるんじゃ、お前は！」

綱家は「すびばぜん……」と歯から血を出しながら謝ると、昌幸が思わず吹き出した。すぐにその場を立ち去りながら、３人がたまらず大笑いするのを綱家は背中で聞き、口の痛みも忘れて幾分かほっとしたのであった。

「いたた、えらいことになっちまったが、笑える状況ではあるらしい。それにしても、一体、何をそんなに長時間話しておるのだろう……」

３人が頭を悩ませていたのは、関ヶ原の戦いを目前にして、徳川家と豊臣家のいずれに味方するかということだ。きっかけは、石田三成からの密書が到着したことにある。

そのとき真田勢は、家康が発した号令にしたがって、沼田を出て宇都宮城に向かっており、目的地に近い犬伏《いぬぶし》（栃木県佐野市）に陣を構えていた。

宇都宮城で家康の三男、徳川秀忠の率いる軍勢と合流し、会津の上杉家を討つ……そんな予定だったが、三成から密書が届く。

「豊臣家のために家康を討つべく挙兵する」

このまま家康に味方するのか。それとも、三成の決起に応じるのか。真田家の運命を左右する判断であることはいうまでもない。

「どうもわしは家康が好かん」

そう口火を切ったのは、父の昌幸である。

第一次上田合戦で、昌幸は旧武田領を巡って家康と激突している。そんな遺恨もあったが、勝負師としての本能が現状維持を拒んだのかもしれない。

「しかし……」

次男の信繁がそう躊躇したのは、兄の信之のことを考えたからだ。

合戦の後、信之は秀吉のとりなしのもとで、家康に仕えている。家康から能力を高く買われた信之。妻として、徳川家の重臣である本多忠勝《ほんだただかつ》の娘を、家康の養女としたうえで迎えている。

いつもならば、即断即決の昌幸が悩むのもそこであった。長男の信之も自分の思いの丈を語った。

「家康殿には人望があります。三成殿には、残念ながらそれがない。太閤殿下が亡き今、豊臣家につくのは、いささかの不安を感じます」

信之の言うことはよくわかる。家康は人たらしだ。だが、そこが気に食わない。思い通りに動いてなるものか、という反発を昌幸は抑えきれなかった。

「すっかり、家康に取り込まれよって……」

「父上！　私は徳川家から妻を迎えています！」

「信繁、お主はどうなんじゃ」

「私は……」

信繁は父と同じ思いで、豊臣家にこの身を捧げたいと考えていた。

信繁は長年豊臣家に仕えていた。勝つほうにつくのではなく、勝ってほしいと心底思える相手につきたい。そんな思いがあったが、兄のことを思うと、そのことを口にはできなかった。

「その優しさは仇《あだ》になるぞ」

父が吐き捨てると、場が静まり返った。

どちらにつく大名が多そうか。そんな勢力図についても意見を交わしながら、もう議論は何時間にも及んでいる。

「もうよい！　お前ら二人で勝手に決めろ。これからの真田家のことだ。わしはお前らに従う」

「父上、そんな投げやりな……」

信之としても、父や弟の思いをないがしろにしたくはない。これまでずっと3人で一緒にやってきたのだ。この関係が壊れてまで欲しいものなど、何もなかった。

「（ここは妻に泣いてもらうしかないか……）」

信之が苦渋の決断を下そうとしたときである。突然、父の怒号が響いた。

信繁のひらめき

「何人も部屋には入るなと申し付けたはずじゃ！」

父が竹水筒を投げつけると、相手の顔面に命中。よく見れば、家臣の綱家が顔から血を出している。

「父上、血が出ておりまする！」

信之が慌てると、昌幸が呆れたように言った。

「何をやっとるんじゃ、お前は！」

慌ててその場を立ち去る綱家の様子を見て、さっきまで怒っていた昌幸が思わず吹き出すと、３人が一斉に笑い出した。

「まったくあいつはどうしようもないですな」

信之がいうと、弟の信繁は遠い目をして懐かしそうに言った。

「それでも、母上が新府城[1]で人質になったときは、綱家が岩櫃《いわびつ》城まで逃してくれました。なんだかんだでよく仕えてくれている」

「あのときは大変だった……もはや、いろいろありすぎて、思い出すこともせんかったわ」

昌幸がふーっと一息つくと「家康につこう」と、信之のほうを見て言った。

「お前の言うとおり、豊臣家はかつての武田家と同じじゃ。滅びゆく運命にある。過去の家康とのことは忘れることにする」

「父上……。しかし、あのときの武田家とは違い、豊臣家はまだ強大ですぞ」

＊1　現在の山梨県韮崎《にらさき》市にあった城。武田信玄の子・勝頼が築城したが、翌年には、織田氏・徳川氏の包囲網に圧迫され、追い詰められた勝頼が火をかけて廃城となった。

「わかっとるわ。徳川家につくことに、納得しようとしとるのじゃないか。どっちなんだ、お前は」

「いや、今改めて昔のことを思い出したところ、やはり今の真田家があるのは、父の適切な判断があってのこと……」

「いつまでもわしに頼るな。ああ、もうどうすればいいんじゃ」

場の雰囲気とは面白いもので、綱家が前歯を折って笑わせてくれたことで、いくぶんか柔らかくなった。

何を言っても大丈夫そうだと思えば、おのずとアイデアは浮かんでくる。

これまで意見を述べなかった信繁がつ

ぶやいた。

「どちらにもつかない……のはどうでしょうか」

昌幸と信之が顔を見合わせる。

「何を言っとるんじゃ、お前は」

「父上はこれまで、いつでも相手の意表をついてきた。そうじゃありませんか」

「そうじゃが……」

「家康側についても、三成側についても危険性はある。では、どちらも選ばない。3人いるのですから、それぞれ分かれてつけばいいじゃないですか」

信之が「お前は何を……」とさえぎろうとすると、昌幸は膝を叩いた。

「面白い！　いったん分かれて、情勢を見ながら、裏で助け合う。そういうことだな」

「はい。これまで父上はお一人で真田家を引っ張ってこられた。これからは3人で支えていきましょう。いったんはここでお別れですが、心はいつも一つです」

「お前……」

信之が立ちあがり、信繁とがっちり握手をすると、昌幸は満足そうにうなずいた。

「綱家のおかげじゃな！　あいつは信之、お前のほうにやろう」

「いや、いいですよ、父上のほうで面倒みてくださいよ……」

薬師堂からどっと上がった笑い声が、夜空に吸い込まれていった。

敵味方に分かれながら支え合った真田親子

その後、昌幸と信繁は三成方に、信之は徳川方にそれぞれ袂《たもと》を分かつことになった。

その後の関ヶ原の戦いでは、家康が勝利。

敗れた昌幸と信繁は処刑されてもおかしくはなかったが、信之が懸命に懇願したため、助命されている。

昌幸と信繁は高野山へ追放されたものの、その後も、信之は二人に物資を送るなど、サポートをしている。

そのとき、昌幸と信繁のもとへ品物を送る役目を負ったのが、あの男であった。

「お二人とも、お元気にされていますか」

「何しに来たんだ、綱家。また前歯を折られたいのか！」

「食料を持ってきたんですよう」

「父上、毎回そのやりとりをするのはやめましょうよ……」

戦乱のなか、真田親子３人の絆はいつまでも失われることはなかったという。

おわりに

「幸福な家庭はどれも似たものだが、不幸な家庭はいずれもそれぞれに不幸なものである」

トルストイが書いた名作『アンナ・カレーニナ』の冒頭はそんなふうに始まるが、悲劇を招いた背景もまた、人それぞれである。

歴史を揺るがす大事件では、革命に成功したヒーローや、国のために断固たる決断を下す指導者の活躍など、輝かしい面ばかりがクローズアップされがちだ。だが、日本史の出来事の裏には、さまざまな知られざる悲哀がある。本書では、そんな不幸な運命をたどった19人の物語をお送りした。いかがだっただろうか。

思想家や学者は、高い思想を持つがゆえに、相手のレベルを読み違えるようだ。高野長英や吉田松陰、そして大塩平八郎らは、江戸幕府を敵に回して、悲惨な最期を迎える。もう少しうまく立ち回れなかったものだろうか、とも思うが、その「まっすぐさ」こそが、彼らの魅力だろう。

立ち回りでいうならば、長屋王や大槻伝蔵は、いずれも政敵に追い落とされた。ライバルの敵意にあまりに鈍感だったために、大きな災いが降りかかるのを避けられなかったのである。

銭屋五兵衛のように庶民の嫉妬によって死に追いやられた人物さえおり、人間の醜さから思わず目をそむけたくなる。足利義輝にいたっては、最後まで平和を願いながらも、無残に暗殺されてしまう。

都合よく利用されたという点では、孝徳天皇や相楽総三がそうである。いつの時代にも改革には痛みが伴うが、孝徳天皇は「大化の改新」に対する反感のスケープゴートにされた節がある。相楽総三の場合は、武力による倒幕を目論む西郷隆盛に利用するだけ利用されて捨てられた、といって差し支えないだろう。

歴史の大転換期に命運が尽きたのは、護良親王だ。天才、足利尊氏の引き立て役となってしまい、さぞ無念だったに違いない。「島原の乱」で指導者として祭り上げられた天草四郎や、新撰組を率いた近藤勇もまた、英雄にはなれなかった。時代のうねりのなかで、むごい最期を迎えている。

渋沢栄一の場合は、自分よりはるか前を走っていたはずの尊敬する同志が、気づけばダークサイドに落ちていた。時代を器用に泳いでしまったがゆえの苦悩が、渋沢にはあったのではないかと思う。

本人には、どうすることもできない惨劇が起こることもある。駒姫や細川ガラシャ、松姫、宗三郎らがまさにそうであり、権力者や強者の都合に翻弄され、あまりに理不尽な運命をたどっている。

何が最もつらいかと言えば、家族との離別ではないだろうか。真田家は小さい勢力であるがゆえに戦国時代の生き残りに必死だった。それでも悲壮感が漂ってこないのは、家族の心がいつも一つだったからだろう。

普遍的な人間の感情を切り口に、日本史を読み解きたい――。

そんな思いを随分前から抱いていたところに、文響社の曽我彩さんから本企画で声をかけてもらい、本書の実現に至った。物書きとして独立したばかりで不安な時期に依頼が舞い込んだので、いくぶんか安堵したのをよく覚えている。

人選から原稿の完成まで、文響社の曽我さんと野本有莉さんには、多大なるサポートをしていただいた。二人の適切な助言がなければ、書き上げることはできなかっただろう。心から感謝申し上げたい。

そして、本書を手に取ってくれたすべての読者の皆様にとって、少しでも有意義なタイムトリップになったならば、これほど嬉しいことはない。

次は『泣ける世界史』で再会できることを期待しつつ……。

いずれまた、どこかで。

真山知幸

[参考文献]

鶴見俊輔『評伝 高野長英』(藤原書店)

筑波常治『高野長英(堂々日本人物史―戦国・幕末編)』(国土社)

松尾剛次『家康に天下を獲らせた男 最上義光』(柏書房)

竹井英文編著『最上義光』(戎光祥出版)

藤田恒春『豊臣秀次』(吉川弘文館)

寺崎保広著、日本歴史学会編『長屋王』(吉川弘文館)

豊田有恒『長屋王横死事件』(講談社文庫)

田端泰子『細川ガラシャ 散りぬべき時知りてこそ』(ミネルヴァ書房)

小瀬甫庵原著、吉田豊訳『太閤記』(教育社新書)

亀田俊和『征夷大将軍・護良親王(シリーズ・実像に迫る7)』(戎光祥出版)

山田康弘『足利義輝・義昭 天下諸侍、御主に候』(ミネルヴァ書房)

渡辺誠『<剣豪と戦国時代>生涯不敗の剣聖 塚原卜伝』(学研プラス)

青山克彌訳『加賀騒動―百万石をたばかる、大槻伝蔵の奸計』(教育社新書)

海音寺潮五郎『悪人列伝 近代篇』(文春文庫)

木越隆三『銭屋五兵衛と北前船の時代』(北国新聞社)

古川薫『松下村塾』(講談社学術文庫)

小松緑編『伊藤公全集 伊藤博文』(昭和出版社)

長尾剛『大塩平八郎―構造改革に玉砕した男』(ベストセラーズ)

高木俊輔『維新史の再発掘―相楽総三と埋もれた草莽たち』(NHKブックス)

太田弘毅『蒙古襲来 ―その軍事史的研究―』(錦正社)

旗田巍『元寇―蒙古帝国の内部事情』(中公新書)

五野井隆史『島原の乱とキリシタン』(吉川弘文館)

酒井シヅ『絵で読む 江戸の病と養生』(講談社)

平山優『真田三代』(PHP新書)

柴辻俊六編『新編武田信玄のすべて』(新人物往来社)

海音寺潮五郎『悪人列伝 古代篇』(文春文庫)

山本藤枝『悲劇の皇子―有間皇子物語』(偕成社)

永倉新八『新撰組顛末記』(新人物文庫)

谷春雄、林栄太郎『新選組隊士遺聞』(新人物往来社)

新人物往来社編『近藤勇のすべて』(新人物往来社)

渋沢栄一、守屋淳訳『現代語訳 論語と算盤』(ちくま新書)

鹿島茂編訳『渋沢栄一「青淵論叢」道徳経済合一説』(講談社学術文庫)

渋沢秀雄『父 渋沢栄一』(実業之日本社文庫)

真山知幸（まやま　ともゆき）

著述家、偉人研究家。1979年、兵庫県生まれ。

同志社大学法学部法律学科卒業。上京後、業界誌出版社の編集長を経て、2020年独立。偉人や歴史、名言などをテーマに執筆活動を行う。

『ざんねんな偉人伝』『ざんねんな歴史人物』は計20万部を突破しベストセラーとなった。他にも『企業として見た戦国大名』『ざんねんな三国志』『偉人名言迷言事典』など著書多数。

名古屋外国語大学現代国際学特殊講義（現・グローバルキャリア講義）、宮崎大学公開講座などでの講師活動も行う。

泣ける日本史　教科書に残らないけど心に残る歴史

2021年11月16日　第1刷発行

著者　真山知幸

装丁　西垂水敦・市川さつき（krran）
イラスト　川原瑞丸
本文デザイン　周田心語（文響社）

本文組版　株式会社キャップス
校正　東京出版サービスセンター

編集　曽我彩　野本有莉
発行者　山本周嗣
発行所　株式会社　文響社
〒105-0001　東京都港区虎ノ門2-2-5　共同通信会館9F
ホームページ　https://bunkyosha.com/
お問合せ　info@bunkyosha.com
印刷・製本　中央精版印刷株式会社

ISBNコード：978-4-86651-438-3　Printed in Japan
この本に関するご意見・ご感想をお寄せいただく場合は、郵送またはメール（info@bunkyosha.com）にてお送りください。